문재인 정부와 노동운동의 사회적 대화

좌절과 재시도

이 도서의 국립중앙도서관 출판예정도서목록(CIP)은 서지정보유통지원시스템 홈페이지(http://seoji.nl.go.kr)와 국가자료종합목록 구축시스템(http://kolis-net.nl.go.kr)에서 이용하실 수 있습니다. (CIP제어번호 : CIP2020014095)

문재인 정부와 노동운동의 사회적 대화

좌절과 재시도

김하영 쓰고 엮음

책갈피

문재인 정부와 노동운동의 사회적 대화
좌절과 재시도

지은이 | 김하영

펴낸곳 | 도서출판 책갈피
등록 | 1992년 2월 14일(제2014-000019호)
주소 | 서울 성동구 무학봉15길 12 2층
전화 | 02) 2265-6354
팩스 | 02) 2265-6395
이메일 | bookmarx@naver.com
홈페이지 | http://chaekgalpi.com
페이스북 | http://facebook.com/chaekgalpi
인스타그램 | http://instagram.com/chaekgalpi_books

첫 번째 찍은 날 2020년 4월 13일

값 12,000원

ISBN 978-89-7966-181-1

차례

머리말   **9**

1장 왜 문재인 정부는 사회적 대화를 원하는가?

문재인 개혁의 성격: 누구를 위한 어떤 개혁인가?   **16**

노동조합은 문재인 정부의 국정 파트너가 돼야 하는가?   **28**

노동 존중 말하며 친기업 정책 추진하는 문재인 정부   **34**

2장 사회적 대화 참여론, 무엇이 문제인가?

노동조합이 사회적 대화에 참가해선 안 되는 이유   **42**

경사노위 본질이 드러나다(1): 탄력근로제 확대 추진   **61**

경사노위 본질이 드러나다(2): 노동권 후퇴 물꼬 트기   **67**

경사노위 본질이 드러나다(3): 조삼모사 사회안전망 개선   **73**

3장 사회적 대화를 둘러싼 노동운동의 대응

(1) 고개 드는 사회적 대화 참여론 (2017. 9. ~ 2018. 10.)

노사정위 전도사 문성현 씨와 측면 지원자들　　　85

대화 참여 압박하며 분란 조성하는 청와대　　　92

민주노총 임원 선거 핫이슈가 된 사회적 대화 참여론　　　96

대화에 발을 들인 민주노총 신임 집행부　　　100

문재인의 우향우에도 복원된 노사정 대표자회의　　　106

(2) 민주노총 좌파의 사회적 대화 반대 (2018. 9. ~ 2019. 4.)

민주노총의 경사노위 참여 회의론이 떠오르다　　　113

문재인의 우향우에 맞서 저항이 증대하다　　　117

민주노총 좌파의 목소리: 경사노위 불참하고 투쟁으로　　　123

문재인 면담, 경사노위 참여파에 힘이 되지 못하다　　　135

민주노총의 경사노위 참여, 최종 무산되다　　　139

민주노총 경사노위 참여 무산 — 의미와 과제　　　149

경사노위 불참 입장이 재확인되다　　　153

(3) 사회적 대화에 대한 미련이 계속되다 (2019. 5. ~ 현재)

끈질긴 사회적 대화 활용론   **158**

경사노위 말고 새로운 사회적 대화?   **161**

경사노위 불참 이후, 왜 운동은 전진하지 못했나?   **167**

4장 아쉬울 때마다 사회적 대화 꺼내는 문재인 정부

일본의 수출규제: 노동자 희생 강요하는 민관정협의회   **174**

조국 사태: 청와대의 새 대화 틀 약속   **181**

총선 체제: 이번엔 스웨덴식 목요대화?   **187**

코로나19 위기: 노동자 양보 압박하려는 비상경제회의   **194**

5장 세계 노동운동의 사회적 대화와 그 효과

네덜란드 '바세나르 협약'의 진실   **202**

독일 '하르츠 개혁'의 진실   **210**

아일랜드 사회적 합의의 쓴 경험   **218**

일러두기

1. 인명과 지명 등의 외래어는 최대한 외래어 표기법에 맞춰 표기했다.

2. 《 》 부호는 책과 잡지를 나타내고, 〈 〉 부호는 신문, 주간지를 나타낸다. 논문과 신문 기사 등은 " "로 나타냈다.

3. 인용문에서 [ ]는 지은이가 독자의 이해를 돕거나 문맥을 매끄럽게 하려고 덧붙인 것이다. 일부 번역문에서 [ ]는 옮긴이가 같은 이유로 넣은 것이다.

4. 본문의 각주는 지은이가 넣은 것이다.

머리말

문재인 대통령은 후보 시절부터 노동 존중 사회를 약속하며 사회적 대화 추진을 그 핵심으로 제시했다. 사회적 대화는 사용자와 노동조합 대표, 그리고 정부가 함께 노동·산업·복지 정책을 논의하고 합의(사회협약)를 도출하는 것이다. 문재인 정부는 특히 민주노총 지도자들을 사회적 대화의 파트너로 참여시키기를 바란다.

노동 '배제'가 기존 노동정책의 주된 문제라고 보는 관점에서는 '참여' 정책을 긍정적으로 볼 수 있다. 그러나 오늘날 사회적 대화가 제안되는 배경을 보든, 노동조합과 국가기구의 밀착이라는 좀 더 일반적인 추세를 고려하든 이 문제는 그렇게 단순하지 않다. 양날의 칼인 것이다.

문재인 정부의 처지를 보면 왜 정부가 사회적 대화를 중시하는지 어렵지 않게 알 수 있다. 한국 자본주의가 저성장에 접어들어 효율을 높이는 개혁이 필요한 상황에서 정부는 여전히 강성인 노동운동과 마주하고 있다. 민주노총 지도자들을 포섭해 협조를 얻어 내지 못하면 경제를 효율화하는 개혁과 정권의 성공을 보장하기 어렵다.

그래서 문재인 정부는 민주노총 지도자들을 대화 파트너로 인정하고 참여를 보장하는 대신 노동자들의 노동조건 후퇴라는 양보를 얻어 내려 한다. 또, 적대적이었던 과거 노·사, 노·정 관계가 이제 동등한 파트너십 관계로 바뀌었다는 인상을 심어 줌으로써, 사회적 대화 바깥에서 벌어지는 노동자 투쟁을 고립시키고 위축시키고 싶어 한다.

노동운동 내에도 노동조합이 정부 정책 결정 과정에 참여하는 전략을 추구해야 한다는 견해가 널리 퍼져 있다. "대안 없이 반대 투쟁만 해서는 안 된다"면서 말이다. 그러나 노동조합이 사회적 대화를 비롯한 정부 정책 결정 과정에 참여한다고 해서, 정책에 미치는 영향력이 더 커지는 것은 아니다. 지난 20년 동안 민주노총 내에서 사회적 대화 참여 방침을 둘러싼 논란이 매우 컸던 이유다.

물론 문재인 정부의 사회적 대화는 전과는 다를 것이라는 기대가 있었지만, 시간이 지날수록 회의론이 확산됐다. 경제 상황의 악화와 함께 정부의 친기업 반노동 정책이 노골화했기 때문이다. 결국 민주노총의 경사노위(경제사회노동위원회) 참여안은 대의원대회에서 부결됐다. 그러나 사회적 대화 논란이 끝난 것은 아니다.

문재인 정부는 기회 있을 때마다 사회적 대화와 노·사·정 대타협을 추진한다. 일본의 수출규제에 대한 대응의 일환으로 구성된 민관정협의회나, 총선 국면을 앞두고 제안된 목요대화가 그런 사례다. 최근 코로나바이러스 감염병 대유행 속에서도 문재인 정부는 노·사·정이 힘을 모으자며 경제주체 원탁회의와 비상경제회의를 열었다.

민주노총 안에서도 사회적 대화 추진 노력은 여전히 진행형이다. 김명환 민주노총 위원장은 정부가 (민주노총이 불참하는) 경사노위만 고집하지 말고 다양한 사회적 대화의 장을 만들어야 한다고 주장한다. 김명환 집행부는 지역·산업·업종 단위의 노·사·정 대화도 추진하고 있다.

이런 노력이 특정 상황과 맞물리면 사회적 대화와 대타협이 급속히 탄력을 받을 수 있다. 코로나바이러스 대유행과 함께 경제 위기가 매우 심각해진 지금이 그런 상황일 수 있다. 이런 때 문재인 정부가 추진해 온 사회적 대화의 본질이 무엇인지, 어떻게 좌절됐고 재시도를 거듭했는지 살펴보는 것은 의미 있을 것이다.

이 책의 1장은 문재인 정부 개혁의 성격과 '노동 존중'의 실체를 분석하면서, 정부가 사회적 대화를 추진하는 이유를 살펴본다.

2장은 사회적 대화 참여가 노동계급의 조건과 노동운동에 미치는 영향을 다각도로 조명한다. 특히, 경사노위의 주요 의제인 탄력근로제와 노동권 등의 논의가 어떤 결과로 나타났는지 다루면서 경사노위의 본질을 규명한다.

3장은 문재인 정부의 사회적 대화 추진에 대한 노동운동 측의 대응을 다룬다. 문재인 집권과 함께 사회적 대화 참여론이 고개를 든 것부터 문재인 정부의 우경화로 노동운동 안에서 경사노위 참가 반대가 확산된 과정 전반을 살펴본다. 특히, 민주노총 좌파의 사회적 대화 불참 운동을 다룬 부분은 외부 관찰자가 아니라 능동적 참여자의 위치에서 서술됐다는 장점이 있다.

4장은 문재인 정부가 위기 때마다 사회적 대화 카드를 꺼내고 있음을 환기하면서 그 목적이 무엇인지 살펴본다.

5장은 한국에서 주목받는 세계적인 사회적 대타협 모델의 진실을 다룬다. 네덜란드의 바세나르 협약, 독일의 하르츠 개혁, 아일랜드의 사회적 합의가 그것인데, 해당 나라 좌파 활동가가 직접 합의의 문제점을 다루고 있어 매우 생생하고 신뢰할 만하다.

이 책에는 다른 사람들의 기여가 포함돼 있다. 우선, 이 책에는 나의 글 말고도 〈노동자 연대〉 기자들 일부의 글이 포함돼 있다. 강동훈·장호종·김문성·박설·이정원 기자에게 감사한다. 또, 이 책에 민주노총 좌파의 사회적 대화 불참 목소리를 포함시켰다는 점에서도 공동 활동이 반영돼 있다. 이 운동에 함께 했던 다른 좌파 활동가들에게 감사의 마음을 전한다.

마지막으로, 사회적 대화에 관해 쓴 글들을 묶어 출판해 보라고 제안하고 격려해 준 최일붕 노동자연대 운영위원에게 감사한다. 그런 제안과 격려가 없었다면 흩어져 있는 글과 자료를 모아 하나의 책으로 엮을 엄두를 내지 못했을 것이다. 또, 교정·교열을 성심껏 봐주고 표지와 편집 디자인에 애써 준 책갈피 출판사 분들, 특히 김태훈 대표와 고은이 편집디자이너에게 감사를 전한다.

김하영

1장

왜 문재인 정부는
사회적 대화를 원하는가?

문재인 개혁의 성격:
누구를 위한 어떤 개혁인가?

문재인 정부와 그 충실한 지지자들은 "대전환"이라는 말을 쓰길 좋아한다. 우파 정부 9년간 추진한 정책을 지속할 수 없다는 뜻이다. 그들은 기업이 잘되고 수출이 늘어도 일자리는 만들어지지 않는 문제점을 지적하고, 사회 양극화(빈부 격차)가 심화됐다고 개탄한다.

얼핏 보면 이런 비판은 진보적인 듯하다. 그러나 그들은 한국 사회의 문제를 주로 이명박·박근혜 정부 탓으로 돌리면서, 한국 경제의 새로운 성장 대안(새로운 자본축적 방식!)을 제시하는 데 진정한 관심이 있다. 가령 그들은 양극화 문제를 노동

출처: 김하영, 〈노동자 연대〉 242호(2018-03-24).

자들의 삶이라는 관점에서 걱정하는 게 아니라 지속 가능한 경제성장을 저해한다는 점 때문에 걱정한다. 문재인 정부의 사명은 저성장(낮은 자본축적 효율) 문제를 해결하는 것이다. 문재인 정부는 사람들이 양질의 일자리를 갖게 돼 소비가 증가하면, 내수가 활성화돼 경제가 성장할 수 있다고 주장한다. 이른바 '소득 주도 성장'론이다.

그러나 한국 경제의 저성장은 과소(너무 적은) 소비 때문이 아니다. 국제적으로 잘 알려진 임금 주도 성장론자들은 2008년 세계경제 위기의 주요 원인을 소득 불평등에서 찾았다. 그러나 소득 불평등은 오늘날 자본주의의 한 주된 양상이기는 하지만 경제 위기의 원인은 아니다. 한국 경제의 성장 둔화는 기본적으로 이윤율이 하락하는 경향이 근저에 있기 때문이다.

문재인 정부의 말대로라면 노동자들의 소득이 늘면 경제도 살아난다. 마치 노·사·정이 공동 운명체 같은 느낌을 준다. 그러나 노동소득 몫이 늘려면 자본소득 몫이 줄어야 한다. 물론 경제 확장기에는 자본소득이 많이 늘어나는 동안 노동소득도 조금 늘어날 수 있다. 그렇지만 장기 불황기에는 얘기가 다르다.

그래서 문재인과 그 충실한 지지자들이 벌이는 말잔치는 현실과 사뭇 다르다. 그들은 성장과 분배 두 바퀴론(일자리위원회 부위원장 이용섭), 혁신과 복지의 결합(J노믹스의 입안자라는 변양균), 심지어 친기업이자 친노동(문재인 자신)을 말하지만,

그들의 실천과 현실은 늘 전자로 기울어 있다.

문재인 정부 말잔치와는 다른 현실

문재인 정부가 나서서 한국GM과 성동조선·STX에서 노동자들에게 퇴직과 임금 삭감을 강요하는 것만 봐도 정부의 실천은 친기업이다. 공공부문 비정규직의 정규직화에 예산을 많이 쏟지 않는 것에서도 알 수 있다.

사실, 문재인 정부가 주장하는 '상생'과 '동반 성장'의 주된 관심 대상은 중소기업이지 노동자들이 아니다. 정부가 중소기업과 자영업자의 부담을 이유로 노동시간 단축의 적용을 미루고 최저임금 산입범위 개악을 추진하는 것만 봐도 이를 알 수 있다. 노동자와 중소기업 사용자가 대기업의 횡포로부터 같은 이해관계를 갖는다는 (민중주의자, 즉 진보적 포퓰리스트들의) 주장은 이런 현실 앞에 무기력하다.

문재인 정부가 대기업보다 중소기업에 실제로 더 친화적인 것은 아니다. 자본은 덩치가 커질 수밖에 없다는 축적 법칙 때문에 자본주의 정부는 친대기업으로 기울게 돼 있다. 김대중 정부도 벤처 중소기업 육성을 강조했지만 자본의 대규모화가 도도한 실제 흐름이었다. 문재인 정부의 정책들을 보면 한국은 변함없이 대기업 하기 좋은 나라다. '고용 없는 성장'을 비판하면서도 고용 확대도, 비정규직 정규직화도, 해고 자제도 대기업에 강제하지 않는다. 법인세 인상에 미온적이었던 데서 보듯이 재원을 내놓으라고도 하지 않는다. 청년 일자리 대책으로 창업, 해외 취업, 신서비스 창출 같은 뜬구름 잡는 얘기를 하는 것도 마찬가지로 대기업 이윤을 보호하기 위해서다.

문재인의 "사람 중심 경제"는 평범한 사람들의 필요에 따라 경제가 운영돼야 한다는 말이 전혀 아니다. 사람('인적 자원')에게 투자하겠다는 것인데, 노동자의 삶 향상이 아니라 노동생산성(즉, 착취) 향상에 자원이 사용되도록 하기 위해서다.

문재인 정부는 '평생 직장은 옛말'임을 전제한다. 고용과 해고가 유연해야 한다는 것이다. 그 대신에 국가가 복지와 재교육·재취업을 위한 서비스를 제공하면 된다고 한다. 일자리위원회가 발표한 청년 일자리 대책 자료 초안에 담겼던 "고용안정유연모델" 또는 유연안정성 모델이 그것이다.

여기에는 유연화 말고도 또 다른 혹독한 논리가 담겨 있다. 그냥 퍼 주는 복지(소비 지원)가 아니라 '인적 자원'(사람) 개발에 투자하는 복지가 돼야 한다는 것이다. 이것은 복지를 고용과 연계시키겠다는 것이고, 기회를 줬으면 결과의 불평등은 개인 탓이라는 것이다.

노동계급 사람들이 삶을 향상시키려면 계속 일을 하면서 노동시장에서 유리한 위치를 차지하려 애쓰는 수밖에 없다. 그러나 이런 상황은 미국과 영국 등지의 경험으로 알 수 있듯이 사회 양극화를 완화하기는커녕 오히려 심화시킨다.

게다가 문재인 정부는 사회 양극화를 노동계급 내부의 격차 문제로 흔히 바꿔 놓는다. 〈2018년 정부 업무 보고〉는 "그간 성장의 과실이 국민 모두에게 골고루 분배되지 못[했다]"며 대기업과 중소기업의 임금 격차를 제시했다. 그러나 경영자와 노동자 사이의 임금 격차가 대기업의 경우 수십 배에 이르는 데다, 임금보다 사업·금융 소득의 격차가 소득 불평등에 미치는 영향이 더 커지고 있다("2016년까지의 소득분배 지표", 한국노동연구원). 자산 불평등은 이보다 크다는 점을 굳이 말하지 않아도 될 것이다.

이렇게 자본가계급과 노동계급 사이의 격차를 노동계급 내부의 격차로 치환하는 것은 저임금 해소와 일자리 창출의 재원을 대기업·정규직 노동자들에게서 뜯어 가려는 포석이다. 문재인 정부 안팎의 정책 브레인들은 지나치게 낮은 임금은 높이고 지나치게 높은 임금은 낮춰 임금 격차를 줄여야 한다고 주장해 왔다.

임금 격차를 해소하겠다며 정부가 추진하는 정책 하나가 임금체계 개편이다. 문재인 정부는 호봉제에서 직무급으로 임금체계를 개편해야 한다고 주장한다. 직무급이 "동일가치노동 동일임금"을 보장하는 "공정 임금"이라면서 말이다.

그러나 정부와 사용자들이 직무급으로 임금체계를 개편하려는 주된 목적은 인건비 부담을 낮추는 것이다. 임금이 또박또

박 올라 유연성이 떨어지는 호봉제를 없애, 임금 상승 폭을 제한하고자 하는 것이다.

직무급제 도입이 비정규직 노동자의 조건 개선과 차별 시정에 도움이 된다는 주장도 참말이 아니다. 무기계약직이 된 많은 노동자들은 정규직과 똑같은 호봉제 적용을 원한다. 정부가 무기계약직 전환자에 대한 직무급제(표준임금모델)를 서둘러 마련한 것은 이들이 기존 정규직만큼의 임금 인상을 꿈도 꾸지 못하게 하려는 것이다.

정규직 노동자들이 임금 인상을 자제하면 비정규직 조건 개선에 도움이 되기는커녕 전체 노동계급의 임금 상승이 억제되는 효과를 내기 쉽다. 정부가 정규직 임금 인상을 억제하려는 것도 주로 이런 목적을 위해서다. 예를 들어, 김대중 정부는 고임금 업종과 대기업의 임금 인상 자제를 촉구했다. 그 이유는 "기업 규모 간 임금 격차 확대가 저임금 업종의 임금 인상 압박과 사회적 갈등을 야기하는 요인"임을 걱정했기 때문이다 (《고용노동정책의 역사적 변화와 전망》, 서울대학교출판문화원, 2017, 127쪽).

사회적 대화와 노·사·정 파트너십 추구

문재인 정부의 말이 아니라 그 실천을 보면, 노동정책이 점점 더 노동자들의 불만을 사게 될 것임을 짐작할 수 있다. 개혁 염원에 힘입어 집권한 정부가 그 염원을 충족시킬 의지도, 능력도 없다는 것이 문재인 정부의 핵심 모순이다.

정부 측 자료를 봐도 공공연한 걱정이 묻어난다. 노동부는 〈2018년 고용노동부 업무 계획〉에 "노동정책 추진 과정에서 갈등[이] 예상"된다고 썼다. 그리고 그런 쟁점으로 근로시간 단축, 최저임금 인상, 공공부문 비정규직 정규직 전환을 꼽았다. 여기에 한국GM 공장 폐쇄, 중형 조선소 구조조정, 금호타이어 매각, 공공부문 무기계약직 전환자에 대한 표준임금모델 도입, 직무급제 도입 같은 임금체계 개편 등을 추가할 수 있다.

노사관계 연구자들은 노사·노정 갈등 유발 요인으로 노동자들의 기대감이 상당하다는 점도 꼽는다. 실제로 노동자들은 촛불 운동 덕분에 집권한 정부에 더 나은 것을 요구할 자격이 있다고 본다. 게다가 박근혜를 퇴진시킨 승리 경험 덕분에 비록 불균등하지만 싸울 자신감도 증대하고 있다.

그래서 문재인 정부는 노동정책을 추진하는 일에서 노동조합 지도자들의 도움을 받으려 한다. '사회적 대화'와 다양한 수준의 교섭에 그들을 참여시켜 불만의 관리자, 중재자 구실을 하게 만들려는 것이다.

일자리위원회 부위원장 이용섭은 문재인 정부의 고용·노동정책은 "사회적 대화와 국민적 합의를 통해서만 달성할 수 있다"고 강조한다. 흔한 착각과 달리, 노사정위원회만이 사회적 대화 기구는 아니다. 노사정위는 지금 체계 개편을 논의 중이지만 이미 많은 사회적 대화 기구들이 산업·업종과 지역 수준에서도 가동되고 있다. 예를 들어, 일자리위원회 산하에 공공·제조업·건설 등 업종별 특위가 운영되고 있다. 민주노총 보건의료노조가 2017년 보건의료 분야 일자리 창출 선언을 한 것도 업종별 노사정 협의의 결과물이다. 지역 노사민정 협의체들도 있다.

문재인 정부는 노동조합 지도자들을 사회적 대화에 참여시켜 고용 창출이나 사회 양극화 같은 현안을 다루고 그들에게 양보를 얻어 내어 정책 추진의 정당성을 확보하려 한다. 사회적 대화의 주요 의제는 임금, 고용, 복지 등이다.

경제 침체에 직면한 다른 나라들의 사회적 대화 경험을 보면, 주로 임금 삭감과 고용 유연화를 일자리 창출과 맞바꿨다. 최근 일자리위원회는 청년 일자리 대책에 "사회적 대화를 통한 고용안정유연모델 구축"을 포함했다가 민주노총의 항의로 삭제했다. 이것은 문재인 정부가 사회적 대화를 통해 결국 하고 싶은 것도 다른 나라 정부들과 다르지 않음을 잘 보여 준다.

문재인 정부의 충실한 지지자들은 사회적 대화를 통해 지역과 업종의 일자리 창출도 모색해야 한다고 강조한다. 그들이 꼽는 대표적 사례는 광주형 일자리다. 광주형 일자리는 문재인 대선 공약에도 포함됐고, 문재인 정부는 이 모델을 전국으로 확산시키겠다고 한다.

광주형 일자리는 현대차·기아차 노동자의 반값 임금(약 3500만 원)으로* 광주에 전기차 공장을 만든다는 계획이다. 이것은 독일 폭스바겐의 아우토5000을 모델로 삼은 것이다. 2001년 폭스바겐은 새로운 차종인 투란의 생산 공장을 동유럽에 짓기로 하면서 비난에 휩싸였다. 그러자 폭스바겐 사측은 볼프스부르크 지역에 폭스바겐 자회사 아우토5000을 세워 투란을 생산할 테니, 그 대신 노동자 월급을 5000마르크로 해달라고 볼프스부르크시㈜와 금속노조에 요구했다. 5000마르크는 폭스바겐 본사 노동자 월급보다 20퍼센트 이상 낮은 액수였다.

광주형 일자리 추진자들은 약 3500만 원이 "적정 임금"이라고 주장한다. 광주 기아차 노동자 임금보다 낮지만 광주시 평균 임금 수준이라는 것이다. 또, 직무급, 노동시간 단축과 유연 3교대 등을 추진하겠다고 한다. 이것이 실현되면 자동차 노동자 전체의 임금과 노동조건을 끌어내리는 효과를 낼 것이다. 자동차 노동자들이 밤샘 노동을 없애기 위해 얼마나 분투했는지만 생각해도 3교대 실시 같은 양보를 강요하는 것의 심각성을 알

---

* 정부는 평균 연봉 3500만 원이니 괜찮은 일자리라고 말하지만, 실상은 다르다. 매달 16시간 초과근무수당을 포함한 것인 데다, 고임금 관리자들을 포함해 평균을 낸 것이기 때문이다. 생산직 노동자의 실제 임금은 2000만 원대 초반으로 최저임금보다 약간 높은 수준이다.

수 있다.

사회적 대화를 추진하는 기본 관점은 노·사 또는 노·정 또는 노·사·정이 지역사회나 국가 경제의 공동 번영을 함께 추구하는 '파트너'라는 것이다. 그러나 해외의 사회적 대화·협약 사례나 1998년 한국의 노사정위 경험은 타협의 결과가 노동자들에게 공동 번영을 가져다주지 않았음을 보여 준다.

게다가 파트너십 추구는 노동자들을 수동적으로 만들고 계급 협조주의를 부추겨 아래로부터의 투쟁을 약화시킬 수 있다. 실제로 사회적 대화나 초기업 단위 교섭을 중시하는 사람들은 그것을 통해 노동현장의 갈등과 투쟁을 억제할 수 있다는 데 주목한다. "사업장 바깥에 존재하는 교섭 기구"가 "노사 갈등[을] 외부화"한다는 것이다. 그러면 노동현장에서는 경영참가를 통해 노사 협력 관련 쟁점에 집중하고 생산성 향상을 도모할 수 있다고 한다. 중층적 사회적 대화 지지자들이 작업장 수준의 경영참가도 중시하는 이유다.

노동자 투쟁과 연대

정부가 노동조합 지도자들을 대화 파트너로 인정할 때 이들은 정부가 추진하는 개혁에 불필요하게 타협하면서 노동자 투쟁을 자제시키는 구실을 할 수 있다.

문재인 집권부터 최근까지 많은 노동조합 지도자들이 그런 태도를 취했다. 노동운동이 한꺼번에 너무 많은 것을 얻으려 정부를 밀어붙이면 '공멸'한다는 문재인 지지자들의 위협도 그들에게 영향을 미쳤을 것이다. 많은 노동조합 지도자들(과 노동조합 추천 인사들)은 노사 양측이 받아들일 만한 해법을 중재자로서 찾는 데 골몰했다. 그들은 노동자들의 요구를 일관되게 대변하면서 투쟁을 이끌려 하기보다는 '현실적' 안을 마련해 정부·사측과 타협하고, 타협안을 받아들이도록 노동자들을 설득하려 했다.

이런 접근법의 바탕에는 정부·사측과 노동자의 이해가 서로 절충 가능하다는 생각이 깔려 있다. 그러나 앞에서 봤듯이, 불필요한 타협이 누이 좋고 매부 좋은 공동 번영을 가져오지 않는다. 오늘날처럼 경제 침체가 장기화되고 있는 시기에는 지배자들이 약간의 양보도 꺼리고 오히려 전에 줬던 것도 회수해 가려 하므로 특히 그렇다. 문재인 정부의 노동정책은 듣기 좋은 말로 포장돼 있지만 결국 노동자들의 양보나 자제를 요구하는 것들이다.

이런 실체가 점점 드러나면서 노동자들의 불만도 커지고 있다. 특히, 공공부문 비정규직의 정규직 전환에서 배제됐거나 전환은 됐지만 조건이 그다지 개선되지 못한 노동자들, 공장 폐쇄와 부도로 직장을 잃거나 노동조건 악화에 직면한 노동자들,

최저임금 인상으로 조금 나아지려나 했다가 인상 효과 상쇄나 노동강도 강화로 일이 한층 힘들어진 노동자들이 그렇다.

이런 때 문재인 정부와의 협력을 추구하느라 시간을 까먹고 기회를 날려 버려서는 안 된다. 지금 같은 장기 불황기에 노동자들의 조건을 지키거나 작은 개선이라도 얻으려면 대규모 투쟁이 필요하다. 연대가 관건이다.

여기서 혁명적 좌파의 구실이 중요하다. 최근 주요 노동조합들이 연대를 회피하는 일이 많았다. 공공부문 비정규직 정규직화 문제가 제기됐을 때 정규직 기반 노조 집행부들이 비정규직의 요구를 온전히 지지하지 않은 것이 대표적 사례다. 혁명적 좌파는 노동자들을 성, 인종, 직무와 고용 형태에 따라 각개격파하고자 이간질하는 주장들과 대결해야 한다. 또, 노동조합 조직의 보존을 앞세워 연대를 기피하는 것에도 맞서야 한다. 안타깝게도 많은 좌파 활동가들이 자기 부문 기반을 보존하려는데 급급한 노동조합 지도부의 연대 기피에 타협했다.

연대의 중요성을 알고 헌신하는 혁명적 좌파가 기층에 굳건하게 조직돼 있어야 한다. 경제 침체가 장기화하고 있는 오늘날 이 점이 더욱 중요해지고 있다.

노동조합은 문재인 정부의
국정 파트너가 돼야 하는가?

"문재인 시대에는 노동조합운동이 달라져야 한다"는 주문이 많다. 이명박·박근혜 정부와 달리 문재인 정부가 "노동 존중"을 약속한 만큼 이제 노동조합도 새로운 환경에 맞는 전략을 택해야 한다는 것이다.

이는 개혁주의자들의 주문인데, 한마디로 말하면 문재인 정부의 "파트너(동반자)"가 되라는 것이다. 노동조합이 더는 "반대 투쟁에만 급급"해선 안 되고, 정부와 협력해 "개혁을 주도"해야 한다고 한다. 가령 이병훈 중앙대 사회학과 교수는 노동조합이 "노동정책 구체화 과정을 돕"는 "정부의 주요 파트너가 될

출처: 김하영, 〈노동자 연대〉 228호(2017-11-11).

28 | 문재인 정부와 노동운동의 사회적 대화: 좌절과 재시도

것을 "제안"한다. 우파로부터 "정부를 엄호"하고 노동 쪽으로 "견인"하라는 것이다. 민주노총이 주최한 '1987년 노동자 대투쟁 30주년 기념 토론회'에서도 유사한 제안이 나왔다. 김공회 경상대 경제학과 교수는 노동조합이 "국가기구 안의 공적 의사 결정 과정"에 안정적으로 참여하는 "노동운동의 제도화"를 더 깊게 고민해야 한다고 주장했다.

노동조합 지도자들이 "정책 개입력 강화"를 추진한 것이 한두 해 된 일은 아니다. 그렇지만 문재인 정부 아래에서야말로 노조가 진짜 '국정 파트너'로 대접받을 수 있게 됐다고 개혁주의자들은 기대한다. 노동조합 지도자 상당수와 개혁주의자들은 이것을 통해 빈곤과 양극화 등 신자유주의가 낳은 폐해를 완화하고 노동조합의 사회적 위상도 대폭 강화할 수 있다고 생각한다.

'사회적 대화'의 목적은 노동자 양보 압박하기

그러나 대통령이 직접 나서서 "노동계와 정부 사이에 국정 파트너로서의 관계를 복원하는 것이 중요하고 시급하다"고 강조하는 데는 분명한 목적이 있다. 일자리 창출과 비정규직 문제 해결을 명분으로 노동조합의 양보를 얻어 내는 것이다. 기회가 있을 때마다 문재인 대통령은 "조금씩 양보하고 짐을 나누는"

사회적 대타협을 강조한다. 한국이 "도약할 미래"가 이것에 달려 있다면서 말이다.

처음으로 노동조합을 "동반자(파트너)"라고 부른 김대중 전 대통령도 IMF 경제 위기 극복이 사회적 대타협에 달렸다며 노동계의 양보(특히 정리해고와 파견근로 법제화)를 요구했었다. 당시 사회적 대타협 옹호자들은 '사회협약'을 통해 재벌 개혁, 노동기본권 보장, 복지 확충을 얻을 수 있었다며 노동조합 지도자들의 양보를 정당화했다. 그러나 그런 주장은 시간의 검증을 견디지 못했다. 그 뒤 재벌들은 더 부유해졌고, 비정규직과 빈곤층이 늘었다. 노동조합 조직률이 높아진 것도 아니다.

'사회협약' 변호자들은 당시는 신자유주의 광풍이 몰아치는 시절이었으므로 김대중 정부도 그로부터 자유롭지 못했다고 변명한다. 김대중 정부가 '사회협약'을 지키지 못한 것은 기반이 약해 우파의 공격에 취약했기 때문이라고도 덧붙인다.

그러나 그런 결과는 '사회적 대타협'의 예외적 사례가 아니다. 세계 여러 나라에서 이뤄진 사회적 대타협은 거의 다 그런 결과를 낳았다. 그것은 자국 자본주의를 효율화하기 위해 노·사·정이 협력해야 한다는 사회적 파트너십 정신의 자연스런 귀결이다. 특히 경제 상황이 나쁠 때 노동자들에게 더한층의 양보가 강요되기 마련이다.

문재인 정부가 네덜란드의 사회적 대타협을 모델로 제시하는 것을 보면, 저성장이 "노멀"(정상적)이 된 시대의 문재인호號가 노동자들에게 어떤 양보를 요구할지가 잘 드러난다. '네덜란드 모델'의 핵심은 일자리 확충을 명분으로 정규직 노동자들의 실질임금을 삭감하는 것이었다. 네덜란드 노동조합 지도자들은 1982년 여성과 청년의 일자리를 늘리기 위해서라며 임금 양보를 수용하고 바세나르 협약을 맺었다. 그러나 이 협약의 결과는 시간제 일자리 폭증과 저임금 노동자 증가, 그리고 여성 빈곤 확대였다.

노동조합이 양보하면 사회적 위상이 높아질까?

상당수 노동조합 지도자들은 문재인 정부의 양보 요구에 화답할 태세인 듯하다. 그들은 정규직 노동자들의 임금을 양보해 일자리 문제 해결을 위한 재원을 보태겠다고 한다. 민주노총 공공운수노조 지도부는 1600억 원 성과연봉제 인센티브를 반납했고, 금속노조 지도부도 일자리연대기금 2500억 원 출연을 제안했다. 보건의료노조 지도부는 인력 확충과 정규직화를 위해 임금을 억제하겠다고 했다. 노동조합 내 온건파들은 이런 선도적 양보 전략으로 사회적 대화에 참여하면 '대기업 노조 이기주의'라는 낙인찍기와 '고립'을 극복할 수 있다고 주장한다. 또, 노동자들 사이의 격차를 줄여 계급 동질감을 회복하고, 노동조합이 (낮은 조직률을 넘어) 사회적 위상을 높일 수 있다고 주장한다.

그러나 사회적 합의를 추구해 온 서구의 많은 노동조합들이 지난 30여 년 동안 조직 규모가 점점 축소되고 위상이 전만 못해진 것만 봐도 이런 장밋빛 전망은 미덥지 못하다.

사실, 사회적 합의는 (시장 지향적) 경제개혁을 위해 노·사·정이 협력해야 한다는 것을 전제하기 때문에, 단지 노동자 일부(대기업 정규직)뿐 아니라 노동자 전체에 희생을 요구한다. 가령 문성현 노사정위 위원장은 "[중소기업] 노조가 중소기업 지불 능력의 한계를 인정해야" 하고 "중소기업 노사가 하나가 돼야 한다"고 주장한다. 그리고 문재인은 공공부문 비정규직 노동자들에게 이렇게 말했다. "한꺼번에 다 받아 내려 하지 마[라.]"

정부가 사회적 파트너십(동반자 관계, 즉 대타협)을 추구하는 목적은, 단지 정규직 노동자들의 양보로 일자리 마련과 비정규직 문제 해결의 재원을 마련하자는 것이 아니다. 사회적 파트너십의 진정한 목적은 한국 자본주의의 (효율화) 개혁을 위해 노동조합 지도자들의 협조를 얻고, 협조적 노동조합 지도부를 통해 노동운동을 무장해제하는 것이다. 사회적 파트너십은 조합원들이 상층 논의를 쳐다보며 수동화되도록 만들고, 노사·노정 간 계급 협조주의를 부추겨 노동자 투쟁을 억제한다. 가장 잘 조직된 부문이 양보를 강요받으면서도 저항하지 못하면, 나머지 노동자들이 그렇게 하기는 더 어렵다. ILO(국제노동기구)가 지적했듯이, 정규직의 '과보호'가 공격받은 곳에서는 한결같이 비정규직의 처지도 더 어려워졌다.

사회적 합의의 결과가 노동자 전체의 처지를 악화시키는 것인 한, 합의에 참가한 노동조합의 사회적 위상이 높아지기는 어려울 것이다. 그것이 기성 체제의 가치관이라는 면에서 덕망을 뜻하는 것이 아니라면 말이다. 오히려 평범한 노동자들은 사용자나 기성 정치인과 자연스럽게 마주 앉게 된 노동조합 지도자들을 의심의 눈으로 쳐다볼 것이다.

노동조합의 위상이 진정으로 강화되는 때는 노동자들이 아래로부터의 대중행동을 통해 강력한 힘을 보여 주는 때다. 그런 때 미조직을 포함해 더 많은 노동자들이 노동조합으로 뭉쳐 노동조건을 개선하길 기대하게 된다. 노동조합이 이런 희망을 보여 주지 못하면 노동자들은 개인적 자구책에 기대게 된다. 우리는 모두 시장에서 경쟁하는 원자화된 개인들이라는 생각을 받아들이고, 제한된 파이를 놓고 동료와의 경쟁에 나서게 된다.

선도적 양보와 사회적 대화가 계급 동질감을 회복하고 연대를 강화하는 길이 결코 될 수 없는 이유다.

노동 존중 말하며 친기업 정책 추진하는 문재인 정부

2018년 노동자대회를 앞두고 문재인 정부와 노동자들은 어느 때보다 날카롭게 대립하고 있다. 임종석 청와대 비서실장과 〈경향신문〉 데스크의 노골적 민주노총 비난, 이에 대한 노동조합들의 반발은 그런 갈등의 단면을 보여 준다.

문재인 정부는 민주노총이 참여하는 경제사회노동위원회(이하 경사노위)를 출범시켜 노동자대회가 뜨뜻미지근하게 치러지고 연말도 조용히 지나가기를 바랐을 것이다. 그러나 정부의 구상은 크게 어그러지고 있다.

이것은 단지 경사노위 참여 여부를 둘러싼 신경전이 아니다.

출처: 김하영, 〈노동자 연대〉 266호(2018-11-10).

문재인 정부의 공약 파기와 노골적 우선회가 근본적 쟁점이다. 2018년 10월 민주노총 정책대의원대회에서 경사노위 참가 결정이 불발된 것도 바로 이에 대한 적잖은 조합원들의 불만 때문이었다.

문재인 정부 첫 1년을 관망하던 노동자들은 불만이 커지면서 일부가 투쟁하기 시작했고, 특히 2018년 여름 이후에는 항의 수준을 넘어 파업도 하기 시작했다. 정책대의원대회 이후에는 불만이 더 증폭되고 있다. 정부가 친기업 본색을 노골화하고 노동자들의 요구를 매몰차게 외면해서다. 탄력근로제 단위 기간을 확대하기로 정부와 여야 정당이 합의한 것이 대표 사례다.

그래서 민주노총의 경사노위 불참에 대한 정부·여당과 중도 진보 언론들의 압박이 민주노총 내 경사노위 참여파에게 힘을 실어 줄 법도 했는데, 그렇게 되지 못했다. 오히려 경사노위 참여를 지지하는 인사들조차 "이러면 노동계 반발은 불가피하다" 고 할 정도다. 심지어 한국노총조차 정부가 "사회적 대화에 찬물을 끼얹"고 있다고 규탄했다.

이름만 바꿔 계속되는 규제 완화와 노동 개악

문재인 정부 우선회의 배경에는 경제 위기 심화가 놓여 있다. 2018년 한국 경제는 2017년에 비해 두드러지게 나빠졌다. 투자가 급감하고 고용 사정도 악화했다. 그러자 문재인 정부는 "일자리를 만드는 건 결국 기업"이라는 논리로 친기업 정책을 노골화하고 나섰다. 〈최근 고용·경제 상황에 따른 혁신성장과 일자리 창출 지원 방안〉(2018년 10월 24일)에서 정부는 기업들에 금융·세제 지원과 규제 완화 등을 약속했다.

규제 완화(문재인 정부 용어로는 "규제 혁신")는 두루 알다시피 대표적 신자유주의 정책으로, 노동조건은 물론이고 서민층 일반의 삶을 악화시킨다. 가령 정부는 "연구가 부족해도" 기술 혁신성이 높으면 신의료기술로 인정하고 "시장 진입을 지원"하겠다고 한다. "4차 산업혁명"을 명분으로 한 이런 규제 완화는 기업주들에게 돈벌이 기회를 제공하는 반면 노동자와 서민층의 안전을 크게 위협할 수 있다. 또 다른 예로, 정부는 "공유경제 확대"를 위해 규제를 완화하겠다고 한다. 이것은 "디지털 특고" 양산과 연결된다. 노동자를 개인사업자로 둔갑시켜 사용자가 고용에 따른 책임을 지지 않도록 해 주겠다는 것이다.

한편, 문재인 정부는 노동자들의 임금과 노동시간을 정조준해 공격하고 있다. 임금 억제와 장시간 노동은 착취율을 높여 자본가들이 수익성을 회복하기 위한 수단이다.

"광주형 일자리"는 임금 격차 해소 방안으로 그럴듯하게 포장되고 있다. 문성현 경사노위 위원장은 이렇게 말했다. "임금 스펙트럼 가운데 중간 어디쯤으로 사회적 합의를 해야 한다."

그리고 그 방법으로 광주형 일자리처럼 "[임금] 세팅을 같게 하는 방식"을 언급했다.

그러나 "광주형 일자리" 추진은 대표적 임금 공격 사례. 기존 임금의 절반을 주고 소형차 생산 공장을 돌린다는 계획이다. 이를 위해 정부와 여야가 초당적 협력을 다짐했다.

산별 표준임금률을 정하는 것은 노동운동 상층에서도 유력한 연대임금 방안으로 제안돼 왔다. 이 점에서 금속노조 기아차지부 광주지회장 출신이자 전 광주시 경제부시장인 박병규 씨가 원탁회의 의장으로 광주형 일자리 추진에 주도적으로 참여해 온 것은 놀라운 일이 아니다.

그러나 광주형 일자리는 임금 삭감 정책일 뿐이다. 정부와 사용자들은 대기업 노동자들의 임금이 다른 노동자들보다 높으므로 양보해야 한다고 주장한다. 그렇지만 이것은 결코 저임금 노동자들을 위해서가 아니다. 최근 교육청들이, 거의 삭감 수준으로 정해진 공무원(정규직) 기본급 인상률(2.6퍼센트)을 근거로 학교 비정규직 노동자들의 임금도 그 이상 올려 줄 수 없다고 버티고 있는 것이 이를 잘 보여 준다.

최저임금을 연거푸 개악하려는 것도 마찬가지다. 산입범위 확대로 이미 한차례 '줬다 뺏는' 개악에 이어, 이번 국회에서는 차등 적용 개악안이 논의될 가능성이 크다. 이것은 영세 업종 노동자나 이주노동자처럼 저임금 개선이 가장 필요한 노동자들의 임금마저 억제하겠다는 뜻이다.

탄력근로제 확대 추진은 노동시간 공격인 동시에 임금 공격의 사례다. 정부와 여야는 이를 위해 근로기준법을 개악하기로 합의했다. 탄력근로제 단위 기간을 현행 3개월에서 최대 1년으로 연장하겠다는 것이다.

탄력근로제는 사용자들이 원할 때 별도의 연장근로수당 없이 장시간 노동을 시킬 수 있는 제도다. 단위 기간 동안 평균 노동시간(52시간)을 맞추면 되기 때문에, 일이 많을 때는 64시간까지 일을 시킬 수 있다. 2018년 7월 주당 최대 노동시간을 68시간에서 52시간으로 줄인 건 말짱 도루묵이라는 뜻이다. 게다가 연장근로수당마저 못 받게 된다. 수리 노동자들은 탄력근로제 확대를 이렇게 우려했다. "성수기 전체인 5개월간 주 60~70시간 일해야 한다. 장시간 노동과 살인적 노동강도로 산재 위협에 놓인다. 그나마 손에 쥐었던 시간외수당도 빼앗아 가려 한다."

이것은 일거리가 늘어도 사용자들이 인력을 충원하지 않고 장시간 노동에 의존할 수 있게 해 주는 것으로, 정부가 표방하는 일자리 창출 정책과도 모순된다.

촛불 배신에 맞서려면

이런 공격을 저지하려면 단호하게 싸워야 하고 투쟁을 확대해야 한다. 그럴 잠재력은 있다. 노동자들은 2008년 촛불의 경우와 달리 2016년 박근혜 퇴진 투쟁의 주요 참가자들이었기 때문에 사기가 괜찮다. 공공부문 비정규직 노동자들은 제대로 된 정규직화를 요구하며 문재인 정부 출범 초기부터 투쟁에 나섰다. 그런 투쟁은 문재인 정부 노동정책의 한계를 드러냈고, 시간이 지나면서 다른 부문의 노동자들 일부도 투쟁 대열에 합류해 왔다.

노동자들이 크고 작은 투쟁에 나서긴 했지만 분산돼 싸웠기 때문에 투쟁이 보편화하는 데 어려움을 겪고 있다. 이는 주로 노동운동의 상층 지도자들 다수가 문재인 정부와 맞서기를 주저하기 때문이다. 가령 2018년 상반기에 8만 명이 참가한 비정규직 철폐 전국노동자대회(6월 30일) 이후 민주노총 집행부는 투쟁을 확대하기보다 청와대 면담을 추진하면서 대화로 방향을 선회했다.

문재인 정부와, 노동운동 안팎의 친정부 온건파들은 민주노총이 경사노위에 참가하지 않으면 정부 정책 결정에 영향을 미칠 수 없고 주변화될 뿐이라고 압박할 것이다. "교섭장 바깥을 기웃거리다가는 얻는 게 없을 것"이라면서 말이다.

그러나 문재인 정부와 각계의 친문 인사들이 민주노총을 사회적 대화에 참여시키려는 목적은 분명하다. 첫째, 임금 억제 등 노동조건 삭감 양보를 얻어 내는 것이다. 둘째, 노사 갈등을 줄이고 '산업 평화'를 이루는 것이다.(도대체 누구의 평화이고, 누구에게 득이 되는가?) 이해찬 민주당 대표는 이런 목적을 감추지 않는다. 그는 민주노총의 총파업 계획을 비난하면서, "갈등을 빚고 있는 문제를 대화로 해결하자"고 강조했다. 그러면서 "임금 수준이 오르면 사회적 대타협을 해야 할 국면이 온 것"이라고 주장했다.

이런 점에 비춰 보면, 김명환 민주노총 위원장이 문재인 정부 하의 사회적 대화는 전과 달리 경제 위기 시 양보를 압박하려는 게 아니고 진정한 사회 개혁을 위한 것이라고 보는 것은 다소 순진한 시각이다.

문재인 정부는 민주노총 지도자들을 국가정책을 논의하는 테이블에 끼워 주겠다고 한다. 혹자는 이것을 "권력 공유"라고도 한다. 그렇지만 한국 자본주의를 위기에서 구한다며 노동조건을 양보해야 하는 그런 "노동 존중"은 보통 노동자들에게 전혀 달갑지 않다.

정부와 사용자들이 양보할 기미도 없는 지금, 민주노총 지도부가 대화에 미련을 두고 투쟁을 협소한 개별 부문들에 가둔다면 그것이야말로 영향력을 잃고 주변화되는 길이다. 민주노총 지도부는 단지 민주노총 조합원뿐 아니라 노동계급 전체의 조건이 걸린 문재인 정부의 공약 파탄과 탄력근로제 개악 등에 맞서 잠재된 힘을 실제로 사용해야 한다.

2장

사회적 대화 참여론,
무엇이 문제인가?

노동조합이 사회적 대화에 참가해선 안 되는 이유

애초 민주노총 집행부는 2018년 10월 정책대의원대회에서 경사노위 참가를 결정하려 했었다. 그렇지만 대회가 유회되면서 뜻을 이루지 못했다. 문재인 정부의 우향우 행보에 대한 조합원들의 불만이 반영된 것이었다.

문재인 정부는 2018년 11월 22일 경사노위를 출범시켰다. 그리고 민주노총에 계속 참가하라고 압박했다. 경사노위가 민주노총 참여 권고문을 의결했고, 심지어 대통령이 나서서 "[경사노

출처: 김하영, 《12문 12답: 민주노총의 경사노위 참가를 반대해야 하는 이유》, 노동자연대, 2019에서 발췌·수정.

위] 각급 위원회 논의[에라도] 참여[하라]"고 촉구했다. 청와대는 2019년 1월 민주노총 정기대의원대회를 앞두고 민주노총 위원장과 대통령 면담도 추진했다. 민주노총의 경사노위 참가 결정에 영향을 미치려는 행보다.

노동운동 안에서는 민주노총의 경사노위 참가를 둘러싸고 논쟁이 뜨겁게 일고 있다. 이 글은 민주노총의 경사노위 참가가 노동자들의 조건과 투쟁에 어떤 부정적 영향을 미칠 것인지, 대안은 무엇인지 다룬다.

1. 문재인 정부의 사회적 대화는 경제 위기 시 노동자 양보를 압박하던 이전 정부들의 사회적 대화와는 다른가?

문재인 정부 하의 사회적 대화는 이전 정부들과는 다를 것이라는 기대가 노동운동 일각에 있다. 노사정위가 경제 위기 시 노동자 양보를 목적으로 했다면, 문재인 정부 하에서는 사회 개혁 논의가 가능하다는 것이다. 그러나 국내외 경제 상황이 심상치 않게 전개되고 있는 지금, 이런 전망은 안일하기 그지없다.

지금 한국 경제는 성장이 둔화하고 있다. 투자가 급감하고 고용 사정이 악화됐다. 경제 상황은 더 나빠질 전망이다. 중국 경제의 추락이나 트럼프의 무역 전쟁처럼 한국 경제에 큰 타격을 줄 세계경제 불안정화 요인도 한두 가지가 아니다.

이런 시기에 정부와 사용자들은 기업의 수익성을 높이고자 전에 줬던 것도 빼앗으면서 노동자들의 조건 후퇴를 강요한다. 실제로 문재인 정부는 성장률과 고용 사정이 나빠지자 급격하게 친기업, 반노동 행보를 노골화했다.

문재인 대통령은 "[한국이] 도약할 미래"가 사회적 대타협에 달려 있다면서 "대화, 타협, 양보, 고통 분담"을 공공연하게 촉구해 왔다. 얼마 전 문성현 경사노위 위원장은 아예 대놓고 "양보할 것 없으면 경사노위에 들어올 필요 없다"고 말했다. 이와 같은 "양보" 요구는 김대중 정부가 노사정위에서 얘기하던 것과 완전히 똑같다.

김대중 정부는 IMF를 불러들인 경제 위기 극복이 사회적 대타협에 달려 있다면서 노동자들에게 "고통 분담"을 강요했다. 당시 노·사·정은 노사정위에서 정리해고, 파견근로 법제화 등에 합의했다. 이 합의로 비정규직과 빈곤층이 늘어나는 등 노동계급의 처지는 더 열악해졌다.

세계적으로도 사회적 대화는 항상 노동자들에게 양보를 요구했다. 가령 문재인 정부는 네덜란드의 사회적 대타협을 모델로 제시한다. 이 모델의 핵심은 일자리 창출을 명분으로 정규직 노동자들의 실질임금을 삭감하는 것이다(바세나르 협약). 그러나 이 협약의 결과 시간제 일자리가 늘고, 저임금 노동자가 증가하고, 여성 빈곤이 확대됐다.

경제 상황이 나쁠 때는 노동자들에게 더한층의 양보, 일방적 양보가 강요되기 마련이다. 그래서 사회협약의 출생지인 유럽에서는 지금 그것이 쇠퇴하고 있다. 1970~1980년대에는 노동조합이 양보한 대가로 알량하게나마 복지가 제공됐지만, 1990년대들어 점점 일방적 양보만 강요됐기 때문이다. 노동조합이 양보한 대가가 공공 정책 결정 과정에 (별로 영향도 못 미치며) 참여하는 것 정도인 경우도 있었다. 2010년 유로존 재정 위기 이후로는 이마저 후퇴했다.

그래서 심지어 보수적 개혁을 추구하는 ILO조차 〈ILO 보고서〉(2018년 10월)에서 이렇게 조언할 정도다. "이런 상황에서 노동조합은 사회적 협약 체결에서 한 걸음 떨어져서, 그 대신 조직이나 노동자의 이익과 권리를 방어하는 기본적 노사관계 업무에 자신들의 에너지와 자원을 집중시키는 것이 차라리 현명할 수 있다."

2. 경사노위는 노사정위와는 달리 그 운영과 논의 구조가 노동자 측에 불리하지 않은가?

기존의 (노사정위) 법안을 전부 개정하고 사회적 대화 기구를 개편한 것은 사실이다. 그러나 법안 문구가 바뀌고 구조가 변경됐다고 해도 지금 문제인 정부의 실천을 보면, 노동조합들이 제기해 온 핵심적인 불만은 전혀 해결되지 않았음을 알 수 있다.

그동안 노동조합들은 노사정위가 시한을 정해 놓고 '합의'를 압박하는 정부 정책 추진 수단이라고 비판했다. 그러면서 새로운 사회적 대화 기구는 '협의' 기구(장차 사회적 교섭 기구)가 돼야 한다고 주장했다.

그러나 탄력근로제 확대 문제나 ILO 기본협약 문제 등에서 보듯이, 국회 일정에 맞춰 합의안을 내놓으라고 사회적 대화 기구를 압박하기는 문재인 정부도 마찬가지다. 그때까지 합의가 안 되면 정부안을 내겠다고 협박하면서 말이다. 요컨대, 시한을 정해 놓고 합의를 압박하면서, 사회적 대화 기구를 정부 정책 추진 수단으로 이용한다는 점은 하나도 달라지지 않은 것이다.

또한 경사노위는 여전히 기울어진 운동장이다. 노동조합 대표성은 여전히 약하다. 민주노총은 경사노위에 참가하더라도 본 위원회 18명 중 1명이 될 뿐이다. 민주노총의 대표성은 노사정위에서보다 더 축소되는 셈이다.

일각에서는 미조직 노동자를 대변해 여성, 청년, 비정규직 대표가 참여하게 된 것을 환영하고 있다. 그렇지만 그들에게 진정한 의미에서 대표성이 있다고 보기 어렵다. 실제로 발전비정규직연대회의, 교육공무직본부, 의료연대본부, 기아자동차비정규직지회 등 비정규직 노조들을 필두로 여러 노조들이 경사노위에 참가한 '비정규직 대표'를 자신의 대표로 인정하지 않는다는 성명을 발표했다. 게다가 부문 대표들의 일부는 문재인 정부와 흡사한 정책을 주장해 왔다는 문제도 있다.

3. 왜 문재인 정부는 민주노총을 사회적 대화에 참여시키려 하는가?

문재인 정부가 민주노총을 사회적 대화에 참여시키려는 목적은 분명하다. 한국 경제가 저성장 국면에 빠져들었기 때문에 한국 자본주의의 생산성과 효율을 높이는 문재인식我 개혁에 노동조합 지도자들의 협조를 얻으려는 것이다.

첫째, 임금 억제, 노동시간 유연화 등 노동조건의 양보를 얻어 내려 한다. 이해찬 민주당 대표는 "임금 수준이 오르면 사회적 대타협을 해야 할 국면이 온 것"이라며 임금 억제 의도를 드러냈다. 임금 억제와 장시간 노동은 착취율을 높여 자본가들이 수익성을 회복하기 위한 수단이다. 직무·성과 중심의 임금체계 개편, 광주형 일자리, 탄력근로제 적용 단위 기간 확대 등이 대표적 사례다.

직무급제 도입의 주된 목적은 자동 호봉 상승에 따른 임금 인상을 억제하는 것이다. 직무급이 "동일노동 동일임금"으로 차별 시정에 도움이 된다는 것은 허울 좋은 명분일 뿐이다. 이것은 정부가 공공부문 무기계약직 전환자들에게 적용한 직무급(표준임금모델)이 차별 해소는커녕 저임금 고착화를 낳고 있다는 것만 봐도 잘 알 수 있다.

광주형 일자리는 임금 격차 해소 방안이라고 그럴듯하게 포장돼 왔지만, 실제로는 저질 일자리이자 임금 공격 모델이다. 그것은 기존 완성차 노동자 임금의 절반을 주고 소형차 생산 공장을 돌린다는 계획으로, 대공장 정규직 노동자의 임금 수준을 떨어뜨리는 정책이다. 그러면 나머지 노동자들의 임금도 하락 압박을 받게 된다.

탄력근로제 확대는 사용자들에게 노동시간 운용의 유연성을 증대시켜 주는 것이다. 사용자들이 원할 때, 별도의 연장근로수당을 주지 않고 노동자들을 장시간 부려 먹을 수 있다. 이것은 장시간 노동 체제의 연장인 동시에, 임금 삭감 공격이기도 하다. 한 조사에 따르면, 탄력근로제를 확대하면 실질임금이 7퍼센트가량 감소한다.

둘째, 사회적 대화를 통해 노동자 투쟁을 억제하고 계급 협조주의를 강화하려 한다. 문성현 경사노위 위원장은 "노사 갈등을 극복하지 못하면 공멸한다"고 말하면서, "노사 공동 운명체 정신"을 강조했다. "노동자이지만 사용자 입장을 충분히 고려"하라는 것이었다.

사회적 대화를 추진하는 기본 관점은 노·사 또는 노·사·정이 국가 경제나 지역사회의 공동 번영을 함께 추구하는 '파트너'라는 것이다. 사회적 대화의 옹호자들은 "이제 노동조합도 생산성을 고민해야 한다"는 말을 즐겨한다.

그러나 "노사 공동 운명"이라는 말은 노동자들의 일방 희생을 강요하는 것으로 곧잘 사용된다. 특히 경제가 어려울 때 그렇다. 1998년 노사정위 합의 경험을 봐도, 노·사·정 협조가 노동자들에게 공동 번영을 가져다준다는 것은 거짓말이다. 그 후 빈부 격차가 더 벌어졌다.

사회적 대화는 또한 노동자들을 수동적으로 만들고 아래로부터의 투쟁을 약화시킬 수 있다. 사회적 대화의 옹호자들은 사업장 바깥에 대화(교섭) 기구가 있으면, 노동현장의 갈등과 투쟁을 억제할 수 있다는 데 주목한다. 그러면 노동현장에서 노동자들을 생산성 향상에 참여시키기가 더 좋다고 말이다.

이처럼 사회적 대화(파트너십)의 중요한 목적 하나는 "노사 공동 운명체 정신"으로 노동자들을 현혹하는 사이에 노동운동을 무장 해제하는 것이다.

4. 노동조합은 최악의 결정을 막기 위해서라도 사회적 대화에 참여해야 하는가?

문재인 정부와 친문 인사들, 그리고 사회적 대화 옹호자들은 민주노총이 경사노위에 참가하지 않으면 개악을 방치하는 결과를 낳을 것이라고 주장한다. 최악을 막기 위해서라도 사회적 대화에 참여해야 한다는 것이다.

그러나 개악안을 내놓은 사람들이 (애초에 개악을 추진하지 않으면 될 것을) 대화해서 보완책을 논의하자고 하는 것은 속

보이는 제안일 뿐이다. 보완책은 일단 개악을 현실로 인정해야 논의할 수 있는 것이다. 그러지 않으면 대화 자체가 성립하지 않기 때문이다. 즉, 이런 제안은 민주노총을 '답정너'식 결말로 끌고 가거나, 기껏해야 알량한 수정안(최악을 조금만 수정한)에 타협하게 만들어, 개악을 정당화하려는 것이다. 만약 민주노총이 경사노위에 참가한다면, 탄력근로제 확대와 사용자 대항권 논의에서부터 이런 딜레마에 처하게 될 것이다.

경사노위는 일단 사회적 대화가 가동되면 그 구성원들은 죽이 되든 밥이 되든 타협안을 마련해야 한다고 강조한다. 문성현 경사노위 위원장은 최근 이렇게 주장했다. "지금까지 논의 과정을 보면, 자기 얘기만 하고 안 받아들여지면 빠져나가 버린다. 이건 사회적 대화가 아니다."

그러나 최악을 막는다는 명분으로 노동조합 지도자들이 사회적 대화에 참가해 개악에 타협하면, 그것은 노동자들에게 도움이 되기는커녕 다수 노동자들의 처지를 악화시킬 것이다. 또, 개악을 정당화해 줘 투쟁의 발목을 잡는 효과를 낼 것이다. 현장 노동자들이 사용자의 개악 실행에 맞서 저항할 때 정부와 사용자들은 '너희 지도자들이 동의한 것이다' 하면서, 노동자들의 투쟁을 비난하고 고립시키기가 쉬워지기 때문이다.

노동자들에게 (경사노위 바깥에서) 개악을 방치하는 것과 (경사노위 안에서) 개악에 합의해 주는 것, 두 가지 나쁜 선택

만이 있는 것은 아니다. 경사노위 바깥에서 민주노총 노동자들이 대규모로 싸운다면, 촛불 염원을 무시하고 보라는 듯이 친기업·반노동으로 치닫는 문재인 정부를 한발 물러서게 만들 수 있다.

김명환 민주노총 집행부는 그동안 민주노총이 대안 없이 즉자적 "반대 또는 저지 투쟁"에 머물러 왔다고 비판했다. 마치 사회적 대화에 참가해 국가적 차원의 정책 논의에 개입해야 성과를 남길 수 있다는 듯이 말이다. 그러나 문재인 집권 이후만 돌아봐도, 만족스러운 성과를 거두지 못한 이유는 투쟁이 필요한 수준에 못 미치며 불충분했기 때문이지, 저지 투쟁 자체가 문제는 아니었다.

가령 공공부문 비정규직 정규직화의 자회사 방안 문제를 보자. 문재인 정부가 자회사 방안을 강력하게 고수하는 상황에서 이것을 저지하려면 단지 단위노조 차원의 투쟁에 내맡기지 말고 민주노총과 공공운수노조 차원의 투쟁으로 확대해야 했다. 또, '자회사 방안 반대(저지)'가 대안 없는 투쟁은 아니다. 만약 '자회사 방안 반대'를 대안 부재로 본다면, 그것은 자회사 방안을 일단 현실로 수용하고, 어떤 자회사인가('좋은 자회사' 방안)를 협상해야 한다는 뜻일 것이다. 이것은 최악을 막는 방법이 아니라 최악으로 가는 길을 열어 두는 것일 뿐이다.

사실, 문재인 정부와 사용자들을 대화 테이블에서 설득해서 변화시키겠다는 것은 순진한 생각이다. 문재인 정부는 규제 완화와 탄력근로제 확대, 임금 억제, 연금 개악 등에 확고한 본성과 의지가 있기 때문에(사용자들은 말할 것도 없다) 노동계급의 압도적 힘으로 굴복시키는 것만이 최악을 막을 수 있는 길이다.

5. 경사노위가 추진하겠다는 사회 양극화 해소는 노동자·민중에게 이롭지 않은가?

문성현 경사노위 위원장은 2019년 신년 기자회견에서 격차 해소에 주력하고자 경사노위에 '양극화해소위원회'를 설치하겠다고 했다. 경사노위법에도 경사노위의 목적이 "사회적 양극화를 해소하고 사회통합을 도모하며 국민경제의 균형 있는 발전에 기여하는 것"이라고 돼 있다.

그렇다면, 한국 사회에서 누구와 누구 사이의 양극화(격차)가 진정한 문제인가? 촛불 투쟁에 참가했던 사람들이 한목소리로 주장했듯이, 역대 정부들의 신자유주의 정책들로 기업인·권력자는 더 부유해지고 노동자·민중은 열심히 살아도 더 가난해진 것이 사회 양극화 문제의 핵심이다.

그러나 문재인 정부와 경사노위는 사회 양극화를 노동계급 내부의 격차 문제로 치환한다. 노동자계급과 자본가계급 간의 격차라는 근본적 문제를 제쳐 둔 채, 문제를 호도하는 것이다. 경사노위 박태주 상임위원도 "양극화 해소의 핵심은 기업 규모

별 임금 격차를 줄이는 것"이라고 호도했다.

이것이 뜻하는 바는, 저임금 해소나 일자리 창출을 위해 대기업·공공부문·정규직 노동자들의 임금을 삭감해야 한다는 것이다. 문재인 정부는 "조직 노동자들은 사회적 약자가 아니"라고 하고, 심지어 대기업 노동자들은 원청 갑질 대기업과 담합해 특혜를 누려 왔다고 비난한다. 이것은 박근혜가 추진했던 "노동시장 이중구조 개선"과 다를 바 없다. 즉, 격차 해소를 명분으로 대기업·공공부문·정규직 노동자들의 조건(이른바 "과보호")을 공격하는 것이다.

그러나 대기업·공공부문·정규직 노동자들의 임금을 삭감한다고 해서 그것이 비정규직·중소영세기업 노동자들의 혜택으로 돌아가지 않는다. 임금 삭감은 기업 수익성 회복을 위한 것일 뿐, 결코 저임금 노동자들을 위한 것이 아니다.

문재인 정부가 2018년 공무원의 낮은 기본급 인상률(2.6퍼센트)을 근거로 학교 비정규직 노동자들의 임금 인상 요구를 외면한 것은 이를 잘 보여 준다. 정규직 임금 삭감이 저임금층의 임금 상승으로 이어지지 않는 것이다.

ILO는 전 세계 경험을 바탕으로 정규직 '과보호'가 공격받은 곳에서는 한결같이 비정규직의 처지도 더 어려워졌다고 지적했다. 노동계급의 가장 잘 조직된 부분들이 양보를 강요받으면서도 제대로 저항하지 못하면, 계급 간 세력 관계가 불리해져서 나머지 노동자들도 공격받기가 더 쉬워지기 때문이다. 이것은 격차 해소가 아니라 하향 평균화다.

게다가 문재인 정부는 사회 양극화를 해소하겠다고 말하면서도, 양극화 심화의 주범인 신자유주의 정책을 재활용하고 있다. 규제 완화, 감세, 민영화, 노동 유연화, 연금 개악 등이 대표적 신자유주의 정책들인데, 지금 문재인 정부는 이 모든 것을 추진 중이다. 이런 정책들이 양극화를 심화시키는데도 말이다.

사회 양극화를 해소하는 길은 신자유주의 정책들을 중단시키고, 지난 20년 동안 부를 축적하고 누려 온 자들이 복지 확충 등을 위해 재원을 내놓도록 강제하는 것이다. 민주노총 노동자들이 이것을 위해 조직된 힘을 사용하는 것이 사회 양극화 해소를 위해 기여하는 길이다.

문재인 정부는 복지를 대폭 확충할 의지도 없다. 정부는 사회적 대화를 통해 "고용안정유연모델"을 구축하겠다고 주장한다. '고용안정(망)'은 실업급여 증액을, 유연모델은 쉬운 해고와 임금 삭감을 뜻한다. 즉, 사회안전망 개선은 노동시장 유연화를 전제로 한 그 보완 조처인 것이다.

해고를 쉽게 하려면 사회안전망이 어느 정도 갖춰져 있어야 한다는 것은 1998년 IMF의 조언이었다. 그리고 김대중 정부의 노사정위가 추진한 것이 바로 그런 내용이었다. 그러나 두루 알다시피 "고용안정유연모델"은 신자유주의의 폐해로부터 노동자들을 지켜 주지 못했다.

지금 경사노위에서 논의되고 있는 사회안전망 개선안도 그 수준이 너무 미미해서 노동자들의 삶을 개선할 수 없다. 가령 사회안전망개선위원회에서 처음 합의한 '한국형 실업부조'는 청년 구직자와 폐업한 영세 자영업자에게 고작 3개월 동안 매달 30만 원을 주는 것이었다.

이처럼, 문재인 정부의 사회안전망은 노동시장 유연화와 맞바꾸기인 데다 그조차 재정 지출을 하지 않아 개선이 형편없다는 것이 핵심 문제다. 문재인 정부는 소득 주도 성장을 말하면서도 지난 2년 동안 실제로는 긴축정책을 지속해 왔다는 것이 2019년 초의 통계로 드러났다(2017년, 2018년 2년째 매해 남은 세금이 10조 원).

민주노총은 긴축 반대, 복지 확충을 위한 대규모 저항에 나서야 한다. 서유럽에서도 복지가 확대된 것은 아래로부터의 대규모 투쟁 덕분이었다. 민주노총이 경사노위에 참가해 형편없는 안에 합의하는 것은 결코 노동자와 취약계층을 대변하는 길이 될 수 없다.

6. 노동조합의 사회적 대화 참여와 투쟁 병행 구상은 현실적일까?

노동조합은 그 성격상 결국 협상을 하기 마련이다. 그러나 노동조합이 투쟁해서 사측이나 정부를 협상장으로 끌어내는 것과, 사측이나 정부와의 파트너십을 전제로 사회적 대화를 하는 것은 큰 차이가 있다.

파트너십을 전제로 한 사회적 대화는 노·사 또는 노·사·정 간의 투쟁 억제가 중요한 목적이다. 문성현 경사노위 위원장은 "경사노위는 싸움을 말리는 곳"이라고 강조했다. 그러면서 자신이 "싸움을 제일 잘 말릴" 것으로 기대돼 "문재인 대통령이 [자신에게] 경사노위를 맡긴 것"이라고 주장했다. 문성현 씨는 민주노총 금속연맹 위원장과 민주노동당 대표를 지냈다.

사회적 대화 참가자들은 상대가 투쟁에 나서면 대화(의 신뢰)를 깨뜨리는 행위로 이해한다. 즉, 대화를 하려면 투쟁을 접고 들어오라고 한다. 최근 문성현 경사노위 위원장은 민주노총더러 투쟁과 교섭을 병행할 생각이라면 차라리 경사노위에 참가하지 말라고 했다. 2015년 공무원 연금 개혁을 위한 사회적 대타협 기구가 구성됐을 때도 그 구성원들은 노동조합더러 대화 전에 투쟁부터 중단하라고 압박했다.

노동조합 상층 지도자들은 투쟁과 대화를 병행하겠다고 흔히 주장한다. 그렇지만 이런 병행론은 그 논리상, 대화가 결렬되지 않으려면 투쟁을 너무 밀어붙이면 안 된다는 것으로 쉽게 이어진다. 그래서 그들은 노동자들의 불만 때문에 투쟁에 나섰다가도 어떤 시점에 투쟁을 중단하거나, 투쟁 수위를 하향 조정한다. 투쟁이 협상에 압력을 가하는 수단으로 자리매김(즉, 협상에 종속)되는 것이다.

협상 중인 노동조합 상층 지도자는 투쟁이 자기 통제 아래 있기를 바라고, 자기 운신의 폭이 줄어들까 봐 대중의 (독자적) 운동을 자제시키는 경향이 있다. 그러나 투쟁은 노동조합 상층 지도자들이 언제든 쉽게 꺼내어 쓸 수 있는 주머니칼이 아니다. 투쟁은 생물과도 같아, 기회를 놓치면 동력이 소진되고, 되살리려면 시간이 걸린다.

요컨대 투쟁과 대화의 병행은 동반 상승하는 시너지 효과를 쉽사리 내지 못한다. 투쟁에 확고한 방점을 두지 않고 대화에 연연하다 보면, 투쟁을 확대하는 데 걸림돌이 된다.

문재인 정부가 친기업 정책과 노동 개악을 예고하는 지금 같은 상황에서 민주노총이 경사노위에 참가한다면, 지도부가 '투쟁-대화 병행론'에 따라 투쟁 계획을 내놓더라도, 조합원들은 그것이 적당한 수위로 조절될 것임을 간파하고 적극성을 보이지 않을 것이다.

노동조합이 투쟁을 통해 현실을 변화시킨다는 전망을 추구하지 않으면, 그저 주어진 현 상황을 전제로 이해당사자들 간의 타협을 중시하는 경향이 확대된다는 점도 문제다. 노동계급 내부의 다양한 부문이 (투쟁을 통한 연대가 아니라) 서로 다른 이해당사자라는 이름으로 타협(나눔 등으로)해야 한다고 보는 것이다. 그러면 노동계급 내부의 다양한 부문이 서로 반목할

수 있고, 오랫동안 차별을 겪어 온 희생자들에게 현실론이라는
이름으로 양보가 강요될 수 있다.

7. 사회적 대화 참여가 민주노총의 사회적 위상을 높이는 길일까?

민주노총이 사회적 관심이나 기대를 한 몸에 받으며 위상이
높아진 경우는 예외 없이 대규모 투쟁으로 진보 염원 대중에게
본보기를 보였을 때다.

1997년 1월 파업 직후 민주노총은 여론조사에서 영향력 있
는 단체 1위로 꼽혔다. 2013년 말 철도 파업이 박근혜 정부에
대한 불만의 초점을 제공하는 듯했을 때도 민주노총의 정치적
위상이 갑자기 높아졌다. 2015년 노사정위가 노동 개악 합의를
발표했을 때 거기에 참여한 한국노총의 위상은 추락한 반면,
그 합의를 거부하며 박근혜 퇴진 투쟁을 선언한 민주노총의 위
상은 높아졌다. 2016년 박근혜 퇴진 촛불 운동 초기에 그 운동
이 확대되도록 조직 노동자들(특히 공공부문과 철도 파업)이
크게 기여한 것도 민주노총의 위상을 높였다.

문재인 정부가 촛불 염원을 배신하면서 급속히 우경화하는
지금, 민주노총이 그에 맞서 불만의 초점을 제공하고 대안을 제
시하면서 투쟁해야 정치적 위상을 높일 수 있다. 만약 문재인
정부와 일면 협력하면서 촛불 염원에 훨씬 못 미치는 후퇴에
합의해 준다면, 민주노총은 문재인 정부의 지지 추락과 함께 동

반 신뢰 하락의 위험을 면치 못할 것이다.

서유럽 노조들은 1990년대 이래 정치적 위상이 하락하고 특히 새 세대 청년층의 지지를 받지 못해, 조직 규모도 축소됐다. 그것은 그 노조들이 노·사·정 파트너십과 사회적 대화를 추구하면서 일자리 확대라는 미명 아래 간접 고용 확대와 연금 개악 등에 합의해 준 결과였다. 그래서 다수 청년들이 노동조합을 불신하게 됐다. 민주노총은 이런 경험을 반면교사 삼아야 한다.

어떤 사람들은 문재인 정부가 민주노총 지도자들을 무시하지 않고 대화하자는 것은 좋은 일이고 바로 "노동 존중" 아니냐고 생각할 수 있다.

그러나 문재인 정부가 하려는 일은, 노동자들의 불만을 자아낼 정책을 더 원만하게 추진하기 위해 노동조합 지도자들의 도움을 얻는 것이다. 사회적 대화와 다양한 수준의 교섭에 이들을 참가시켜, 개혁 후퇴 또는 개악에 합의를 이끌어 내어 정당성을 확보하고, 노동자들이 반발하지 못하도록 만들려는 것이다.

이런 '노동 존중'은 노동조합 상층 지도자들의 위상을 높여 줄지는 모른다. 그러나 대다수 노동자들의 조건은 악화시킬 것이다. 민주노총의 위상은 상층 지도자들이 대통령과 자주 악수한다고 높아지는 게 아니다. 노동자들이 단결해 싸워 조건 개선을 이뤄 내고, 이것이 다른 노동자들에게도 나아갈 길을 보여 줄 때 민주노총의 위상은 오를 수 있다.

노동조합에 관한 연구 조사들은 노동조합 지도자들이 사회적 대화에 참여할 더 큰 인센티브가 있다고 지적한다. 그 하나는 "고위급 협약에서 적극적인 역할을 함으로써 개인의 가시성과 경력 향상 측면에서 얻을 것이 더 많다"는 것이다(경사노위가 발행하는 격월간지 《사회적 대화》 6호). 그러나 그 대가가 평범한 노동자들의 조건 악화라면, 민주노총 지도자들은 그것을 거부해야 마땅하다.

경사노위 본질이 드러나다(1): 탄력근로제 확대 추진

출범 석 달 만에 탄력근로제 확대 합의

2019년 2월 19일 경사노위는 탄력근로제 단위 기간을 확대하는 개악에 합의했다. 경사노위 1호 안건이 개악으로 결론 난 것이다. 한국노총은 "탄력근로제 단위 기간을 확대할 필요성이 전혀 없다"며 강경하게 반대하는 척했지만, 결국 개악에 합의해 줌으로써 노동자들을 배신했다.

경사노위 산하 노동시간제도개선위원회에서 합의된 탄력근로제 단위 기간 연장안은 현행 최장 3개월인 탄력근로제 단위

출처: 〈노동자 연대〉 276, 278, 296, 300호의 관련 기사 종합.

기간을 6개월로 늘리는 내용을 골자로 한다. 이 안에 따르면 사용자는 법정 노동시간의 한계인 주 52시간을 초과해 최대 64시간까지 일을 시킬 수 있다. 주 52시간 상한제가 결정됐을 때부터 사용자들은 탄력근로제 단위 기간 확대를 줄기차게 요구해 왔다. 이번 개악으로 주 52시간제는 본격 시행되기도 전에 무력화됐다. 연장근무수당 등 임금 손실도 크다. 시급 1만 원을 받는 노동자의 경우, 단위 기간이 6개월로 늘어나면 연간 임금이 평균 78만 원 깎일 것으로 전망된다(양대 노총).

보완책이 마련돼 있다지만 '근로자 대표와 서면 합의' 혹은 협의만 하면 무시할 수 있게 해 놨다. 중소영세기업·비정규직 노동자들처럼 노조로 조직되지 않은 노동자들은 공격에 속수무책으로 당할 수 있다. 임금 보전 방안을 마련해 고용노동부에 신고하도록 해 놨지만, 구체적 내용과 기준이 불분명해 사용자가 대충 만들어도 된다. 설사 신고하지 않아도 과태료만 물면 된다. 이 역시 노동자 대표와 서면 합의만 하면 신고하지 않아도 된다.

경사노위 산하 산업안전보건위원회에서 논의되고 있는 '과로사 방지법'도 이런 장시간 노동에 대한 대안이 되긴 어려워 보인다. 과로사 방지를 위해 법률 제정을 권고할지 기존 산안법 개정을 권고할지도 못 정한 상태인데, 법률 제정을 권고하더라도 노동시간 등 구체적 내용은 빠질 가능성이 크기 때문이다.

심지어 '과로사 방지'라는 용어도 제외하기로 해 실제 내용은 상징적 수준을 넘어서기 어려울 것이다.

청와대는 경사노위 합의 직후 "노동자는 일과 생활의 균형을 이룰 수 있을 것"이라고 환영 논평을 냈다. 그러나 하루 노동시간이 길어지고 사용자 마음대로 출퇴근 시간이 들쭉날쭉해지는 상황에서, 노동자들이 안정된 삶을 누리고 일과 생활의 균형을 이루기는 불가능하다. 노동시간이 줄어드는 기간에는 임금도 더 떨어져 생계를 꾸려 나가기가 불안정해진다. 결국 문재인의 "노동시간 단축" 약속은 요란한 말잔치로 끝난 것이다.

경사노위 의결 절차도 무시하고 개악 추진

그런데 경사노위 본회의를 열어 탄력근로제 합의안을 의결하려던 경사노위 측의 구상은 예정대로 진행되지는 못했다. 2019년 3월 7일과 11일 본회의가 연거푸 무산됐다. 비정규직·여성·청년 계층별 노동위원 3인이 탄력근로제 합의에 항의해 본회의에 불참하면서 정족수를 채우지 못했기 때문이다. "탄력근로제 확대가 합의되는 과정에서 계층 3대표는 아무런 개입도 할 수 없었고, 미조직 노동자들은 실질적 보호를 받기가 어려운 합의안이 고스란히 본회의로 올라와 오로지 표결밖에 할 수 없는 현실을 마주하며 저희는 자괴감이 클 수밖에 없었습니다"(3인 공동입장 중).

본회의가 무산되자 문성현 노사정위 위원장은 경사노위 구성을 변경해서라도 개악안을 통과시킬 뜻을 밝혔다. 박태주 경사노위 상임위원은 "경사노위법에 따르면 합의가 반드시 본회의를 거쳐야 효력을 발휘한다는 내용은 없다"고 했다. 비정규직·여성·청년 계층별 노동위원들을 개악의 들러리로 세우려다가 잘 안 되자, 그들을 비난하고 의사 결정 구조를 바꾸겠다고 협박한 것이다.

결국 경사노위는 수치스럽게도 본회의 합의 의결도 없이 탄력근로제 확대 개악안을 국회로 넘겼다. 그런데도 문재인 대통령은 그런 과정이 아무 문제가 없다는 듯이 2019년 3월 25일 청와대 수석보좌관회의에서 탄력근로제 확대 국회 통과를 촉구했다. "탄력근로제 확대는 노사정이 긴 산고 끝에 양보와 타협으로 합의한 매우 뜻깊은 사례"라면서 낯 뜨거운 찬사도 덧붙였다.

걸림돌 해임하고 출범한 경사노위 2기

경사노위 본회의가 2019년 7월에도 무산되자 문성현 경사노위 위원장은 "세 분 때문에 화가 하도 나서 화병이 난 상태"라며 조만간 비정규직·여성·청년 계층별 노동위원 3인을 해촉할 뜻을 밝혔다. 그리고 곧이어 경사노위 노사정 당연직 5명을 제외한 나머지 위원의 해촉을 청와대에 건의했다. 문재인 대통령은 이를 수용했다. 형식은 위원장을 제외한 위원 전원 해임이었지만, 이는 계층별 위원 3인을 제거하기 위한 꼼수였다. 계층별 위원들이 노동 개악의 들러리 구실을 거부하자 이들을 해임한 것이다.

그 자리를 정부 친화적 인물들로 채우고 2019년 10월 11일 2기 경사노위가 출범했다. 그리고 첫 본회의를 열어 탄력근로제 단위 기간 확대를 의결했다. 2019년 3월 이후 파행을 겪다 7개월 만에 재개장하고는 처음 한 일이 바로 노동 개악 의결인 것이다. 이를 두고 "사회적 대화의 재개", "새로운 도약" 운운하다니 파렴치하기 짝이 없다.

2기 경사노위는 위원 해촉 규정을 신설하고 본위원회 개최 요건도 낮출 것으로 보인다. 계층별 위원들이 노동 개악을 막는 일이 반복되지 않게 하고, 노동 개악에 반대하는 위원은 손쉽게 해고하려는 것이다. 노동자 양보라는 답을 정해 놓고 거기에 경사노위 구조를 끼워 맞추는 추한 행태가 아닐 수 없다.

문성현 경사노위 위원장은 2기 경사노위는 사회 양극화와 산업구조 개편을 핵심 의제로 다뤄 나가겠다고 밝혔다. 특히 "양극화 심화에 따른 임금 문제를 중점 논의하겠다"고 했다.

진정으로 경제 양극화를 해결하려면, 노동과 자본 간의 막

대한 소득 격차와 불평등을 완화해야 한다. 그것은 노동자들의 임금을 대폭 올려야 가능하다. 그런데 문재인 정부는 이와 정반대로, 노동자들 내부의 임금 격차를 "양극화 심화"의 주된 원인인 양 부각하면서 정규직의 임금 양보와 임금 인상 억제를 강요하려 한다. 문성현 경사노위 위원장은 "대기업 정규직 중심의 노동조합이 임금 인상을 자제하고 기득권을 내려놓아야 한다"며 직무급제로의 임금체계 개편을 강조한다. 또 일부 사업장의 임금 인상 자제와 생산성 향상 합의, 연대임금(기금) 조성 합의 등을 가리켜 "노사 상생의 사회적 대타협" 모범이라고 추켜세웠다.

이런 점들을 볼 때, 2기 경사노위도 노동자들에게 고통을 강요하는 기구일 것이 뻔하다. 민주노총은 2기 경사노위(나 산하 위원회)에 미련을 두지 말고 불참 기조를 확고히 유지하면서, 노동 개악에 맞선 투쟁에 전력을 다해야 한다.

경사노위 본질이 드러나다(2): 노동권 후퇴 물꼬 트기

노동권을 사회적 대화의 거래 대상으로 만들다

2019년 4월 15일 경사노위 산하 노사관계제도·관행개선위원회 공익위원들이 ILO 핵심협약 비준을 위한 안을 내놓았다. 노사 간 입장 차로 더는 합의에 이르기 힘들어 공익위원들이 별도 안을 낸 것이다.

이 공익위원 안에 일부 개선이 없는 것은 아니지만, 경총(한국경영자총협회)이 "사용자 대항권"이라며 요구해 온 단체협약 유효기간 연장, 사업장 점거 제한 같은 독소 조항이 담겼다는

───────

출처: 〈노동자 연대〉 283, 287, 288호의 관련 기사 종합.

점에서 심각한 후퇴 안이다.

단체협약 유효기간을 2년에서 3년으로 연장하는 것은 노동 자들이 변화하는 이해관계와 요구 사항을 둘러싼 투쟁과 교섭을 자주 하지 못하도록 제약하는 효과를 내는 개악이다. 이렇게 되면 교섭 창구 단일화 때문에 단체교섭권을 박탈당한 소수 노조의 경우, 더 오랫동안 단체교섭을 하지 못하게 된다. 사업장 점거파업 금지는 파업권을 크게 제약한다. 현재도 이미 주요 생산 시설 점거를 금지하고 있어 파업권이 제한되는데 이를 더 강화하려는 것이다. 이런 독소 조항이 포함되면 설사 ILO 핵심협약이 비준되더라도 그것을 상쇄하는 효과를 낼 것이다.

ILO 핵심협약은 한국이 1991년 ILO에 가입했을 때 진즉에 비준하고 국내법에 반영해야 했던 것들이다. 그러나 정부는 비준을 피했고, 노동자들은 스스로 정부·사용자와 싸우면서 조직을 키우고 투쟁할 권리를 법 테두리 안팎에서 확장해 왔다.

문재인 대통령은 대선 후보 시절에 노동자 표를 얻으려고 ILO 핵심협약 비준·이행을 약속했다. 약속대로라면 ILO 핵심협약을 우선 비준하고, 그에 맞게 법 개정을 추진해야 했다. 그러나 문재인 정부는 그렇게 하지 않고 이를 경사노위로 끌고 갔다. 정부가 직권으로 할 수 있는 전교조 법외노조 통보 철회 등은 전혀 하지 않으면서 말이다.

문재인 대통령이 마땅히 해야 할 ILO 핵심협약 비준을 경사노위로 끌고 간 것은 불순한 목적이 있었다. 사회적 대화라는 형식으로 노동자들에게 후퇴를 강요하려 한 것이다. 그는 이렇게 말했다. "국민들이 바라는 건 사회적 대화를 통해 사회적 합의를 이뤄 노동권 개선이 이뤄져야 한다는 것이다." 즉, 노동권을 거저 주지 않겠다는 것이다. 노동계가 협약 비준이라는 선물을 받는 만큼 사용자들이 요구하는 '대항권' 요구도 수용해야 한다는 뜻이다.

이처럼 노동조합의 기본권 사항을 노사 간 거래의 대상으로 삼게 한 것 자체가 사용자들에게 유리한 일이었다. 비록 경사노위는 합의안 도출에 실패했지만, 시간 끌기에 성공했고 사용자들이 '대항권' 요구를 내놓을 장을 열어 줬다. 문재인 정부가 노동권을 사회적 대화의 거래 대상으로 만듦으로써 노동권 후퇴의 물꼬를 터 준 것이다.

이 점에서 민주노총 집행부가 ILO 협약 선先비준을 주장하면서도 실천에서는 경사노위 논의를 활용할 수 있다고 여기거나 선先입법 논의를 묵인하는 태도를 보여 온 것은 부적절했다. 이것은 민주노총이 경사노위 노사관계제도·관행개선위원회를 "전략적[으로] 활용"할 수 있다고 본 데서 비롯한 혼란이었던 듯하다(2018년 10월 민주노총 교육지).

최근 민주노총이 정부에 ILO 협약 선비준 요구를 분명히 제기한 만큼 이를 뒷받침할 단호한 실천을 해야 한다.

국회로 공 넘기며 사용자 요구 더 반영하려는 정부

2019년 5월 22일 문재인 정부는 노동자 단결권에 관한 ILO 핵심협약의 비준 동의안을 9월 국회에 제출하겠다고 밝혔다. 그러자 주류 언론들은 정부가 기존의 '선입법, 후비준'에서 입장을 바꿔 노동계의 '선비준' 요구를 어느 정도 수용한 것이라고 주장했다.

그러나 비준 동의안 국회 제출이 정부 입장의 근본적 변화를 뜻하는 것은 아니다. 그동안에도 정부는 경사노위에서 ILO 핵심협약에 관련한 합의안을 만들고 이를 통해 비준과 국회 입법을 동시에 추진하겠다고 해 왔다. 이번 발표는 경사노위에서 합의가 어려우니 공을 곧장 국회 논의로 넘겨 버리겠다는 것뿐이다. 이는 꼼수를 써서 노동계의 '선비준' 요구를 벗어나고, 공을 국회로 돌려 정부의 비준 책임을 회피하려는 것이다.

게다가 문재인 정부는 경사노위 공익위원 안을 포함해 각계 의견을 수렴해 정부의 보완 입법안을 마련하겠다고 밝혔다. 이재갑 고용노동부 장관은 이렇게 말했다. "지난 4월 15일 발표된 경사노위 최종 공익위원 안을 포함해, 사회 각계·각층의 의견을 폭넓게 수렴하여 합리적인 대안을 마련하겠다."

그러나 이 말 자체가 어불성설이다. ILO 핵심협약은 이미 정해져 있으니, 그냥 정부가 비준하고 법 개정을 하면 될 일이다.

그런데도 정부는 "사회 각계각층의 의견"을 수렴하겠다고 한다. 사용자들의 의견을 반영하겠다는 뜻이다. 결국 앞으로 더한층의 개악을 위한 논의가 진행될 것임을 예고하는 것이다. 실제로 경총은 '경사노위 최종 공익위원 안'이 "노동계 입장에 편향된 안"이라고 반발하며 더한층의 개악안을 내놓으려 한다.

그렇지만 경총의 주장과는 달리 경사노위 최종 공익위원 안은 결코 노동계 편향 입장이 아니다. 앞에서 살펴봤듯이 이 안에는 이미 단체협약 유효기간 연장, 사업장 점거 제한 같은 '사용자 대항권'이 담겼다. 이에 만족하지 않고 사용자들이 추가하려는 개악들은 더욱 심각하다.

쟁의행위 기간 중 대체근로 허용이 대표적이다. 지금도 해당 사업장에 고용돼 있던 노동자에 의한 대체근로는 이미 가능하다. 그런데도 사용자들은 이를 더욱 폭넓게 허용해 달라고 한다. 파업을 하나 마나 한 것으로 만들겠다는 것이다. 부당노동행위에 대한 처벌 규정 삭제도 마찬가지다. 부당노동행위 처벌은 노동3권 침해 행위를 규제하는 것인데, 지금도 부당노동행위에 대한 제재와 처벌이 잘 되지 않는 실정이다. 부당노동행위에 대한 처벌 규정조차 삭제한다면 사용자의 부당노동행위는 더욱 제어하기 힘들어질 것이다.

노동계는 그동안 대통령 권한으로 ILO 핵심협약을 즉각 비준하라고 요구해 왔다. 그것을 거부한 채 자유한국당을 비롯한 우파의 반대가 뻔히 예상되는 국회로 비준 책임을 떠넘기고 보완 입법을 하겠다는 것 자체가 개악을 예고하는 것이다.

김명환 민주노총 집행부는 문재인 정부가 2019년 5월 22일 발표한 ILO 비준 방침을 "긍정적으로 평가"했다. 정의당(이정미 대표)도 환영 논평을 냈다. 그러나 이것은 희망 섞인 해석이다. 그래서 민주노총 내부에서조차 그런 해석을 경계하는 목소리가 나왔다. 민주노총 공공운수노조, 민주노총 대구본부·경북본부·전북본부·충북본부 등이 정부 방침을 강하게 비판했다.

노동운동 일각에서는 정부의 ILO 비준 방침을 계기로 민주노총이 사회적 대화에 복귀해야 한다는 의견마저 있다. 그러나 경사노위에서 개혁을 얻어 낼 수 있다는 기대가 헛된 것임이 드러나고, 노동권 문제가 그 대표 사례인 상황에서, 이런 주장은 매우 부적절하다.

노동법 개악 의지를 확고히 드러낸 문재인 정부와 사용자 측을 사회적 대화로 설득할 수 있다고 기대하는 것은 순진하다. 노동운동은 재차 확인된 문재인 정부의 노동 개악 추진 계획 앞에서 좌고우면해서는 안 된다.

경사노위 본질이 드러나다(3): 조삼모사 사회안전망 개선

문재인 정부가 민주노총에 사회적 대화를 제안한 가장 큰 명분은 사회안전망 강화였다. 미조직 청년, 실업자, 노인, 자영업자 등 사회 취약계층에 대한 복지 개선이 정부의 노력만으로는 어려우니 기업주와 노동자도 협조하라는 것이다.

경제 위기가 장기화하면서 청년 실업이 늘고 복지 수요가 늘어나는 상황에서 기존 복지 제도에 보완이 필요한 것은 사실이다. 특히 기존 4대 보험 등이 산업 성장 초기에 만들어진 것들이다 보니 (취업을 유도하기 위해) 미취업자나 장기 실업자에게

출처: 장호종, 〈노동자 연대〉 260, 271, 272, 282, 283, 304-1, 306호의 관련 기사 종합.

불리하게 돼 있어 지금 같은 시기에는 약점이 두드러진다. 고용된 적이 있어야 지급하고 지급 기간도 짧은 실업급여가 대표적이다.

그래서 민주노총이 이런 문제에 관심을 기울이고 대안을 제시해야 한다는 제기는 노동운동 안팎에서 오랫동안 있었다. 민주노총도 이에 어느 정도 부응하고자 매년 사회안전망 강화를 위한 정책 요구안을 만들고 제출했다.

그런데 2018년 8월 21일, 아직 출범 전이던 경사노위(당시 공식 명칭은 노사정 대표자회의)가 산하 사회안전망개선위원회를 통해 '첫 노사정 합의'를 발표했다('취약계층의 소득보장 및 사회서비스 강화를 위한 합의문'). 민주노총이 경사노위 참여 여부를 본격 논의하지도 않은 상태에서 말이다. 이는 노사정 대표자회의에 참여하라고 민주노총을 압박하는 효과를 냈다. 사회 취약계층에 대한 복지 지원 논의뿐 아니라 국민연금 등 전체 노동계급의 복지를 둘러싼 논의가 본격화하는 상황이니, 민주노총이 논의 기구 바깥에 있어서는 안 된다는 목소리에 힘이 실리게 된 것이다.

그러나 당시 합의 내용과 지금까지 후속 논의, 이행 상황 등을 보면 대부분 '사회적 합의'라는 거창한 이름을 붙이기 민망할 정도로 미미한 개선에 그쳤다. 심지어 그 개선조차 노동자들에게 부담을 떠넘기는 '조삼모사'식 개혁에 지나지 않는다는 것이 드러나고 있다. 기업주들의 반대나 국회에서 우파 야당의 반대로 좌절되는 사례도 많았는데, 이는 노동조합의 사회적 대화 참여가 개혁을 보장해 주는 것이 아님을 보여 줬다.

한국형 실업부조(국민취업지원제도)

경사노위 '첫 합의'의 주요 의제는 청년과 영세 자영업자 등 복지 '사각지대' 해결 문제였다. 정부는 이를 '한국형 실업부조'라고 이름 붙여 떠들썩하게 홍보했다. 당시 합의에 구체적 내용이 명시되지는 않았지만 언론은 정부가 청년 구직자와 폐업한 영세 자영업자에게 3개월 동안 매달 30만 원을 지급하는 방안을 논의하고 있다고 밝혔다.

그러나 정부는 2018년 4월에 이미 청년구직활동지원금을 6개월간 매달 50만 원씩 지급하겠다고 발표한 바 있어 두 제도의 관계가 어떤 것인지가 쟁점이 됐다. 중복해서 받을 수 있는 것인지 아니면 오히려 원래 계획에서 후퇴하는 것인지 하는 의문도 제기됐다. 폐업해서 실업 상태에 놓인(따라서 적지 않은 빚을 지고 있을) 영세 자영업자에게 실질적 도움이 될 것이냐는 현실적 물음이 제기됐고, 국회 통과가 필요한 경우 우파 야당의 반대를 어떻게 해결할 것인지도 쟁점이었다.

이후 정부는 가구 소득이 중위소득의 60퍼센트 이하인 저소득층에게 구직 촉진 수당을 최장 6개월 동안 매달 50만 원씩 지급하는 안을 냈는데, 사회안전망개선위원회는 (추가 합의에서) 그 기준을 중위소득 50퍼센트 이하로 더 후퇴시켰다. 2019년 3월 5일 경사노위에서 합의된 한국형 실업부조는 결국 청년 구직활동지원금 등 기존 제도를 통합해 이름만 바꾸는 것으로, 기존 예산에서 추가되는 예산은 고작 1500억 원 정도였다.

한국형 실업부조는 2019년 말 국회에서 관련 예산이 통과돼 2020년 7월부터 시행될 것처럼 알려졌지만, 관련 법이 최종 국회를 통과하지 못해 현재 알량한 개선조차 좌초된 상태다.

근로장려세제의 문제점

당시 합의에는 근로장려세제EITC 확대 방안도 담겼는데, 실제로 2018~2019년에 지급액과 지급 대상이 크게 늘었다. 2018년에는 170만 가구에 약 1조 3000억 원 지급되던 것이 2019년에는 약 334만 가구에 5조 원 가까이 지급된 것으로 알려졌다. 이는 일부 저소득 노동자들의 당장의 생계에 도움이 되기는 할 듯하다.

그러나 근로장려세제는 신자유주의 복지 '개혁'의 일부로 생겨났다. 근로장려세제는 임금이 최저임금보다 적은 사람들에게, 총소득이 최저임금을 넘지 않는 수준에서 차등 지급하도록 돼 있다. 동시에 근로장려세제 혜택을 받으려면 일정한 소득이 있어야 하는데(노동을 증명해야 함), 그 소득 기준은 국민기초생활보장법의 생계급여 지급 대상보다 살짝 높은 액수다.

즉, 근로장려세제는 실업수당도 안 주고, 기초생활보호 대상에서 제외하는 대신 노동자들이 저임금 일자리에서라도 일하도록 유도하는 제도다. 사실상 이 제도가 없었다면 사라져야 마땅한(생계비도 못 버는) 저임금 일자리가 유지되도록 돕는 구실을 한 것이다. 따라서 이 제도로 진정한 이익을 얻는 것은 기업주들이다.

실업급여와 기초연금도 소폭 증액됐다. 실업급여는 수급 기간을 현행 최대 8개월에서 9개월로 연장하고 지급액도 실직 직전 3개월 평균임금의 50퍼센트에서 60퍼센트로 10퍼센트포인트 인상했다. 기초연금도 저소득층(하위 20퍼센트)에게는 조기에 인상해 30만 원을 지급하기 시작했다. 2020년부터는 그 대상자가 하위 40퍼센트로 확대됐다.

그러나 실업급여는 보험료를 인상하고 하한액을 최저임금의 90퍼센트에서 80퍼센트로 삭감했다. 실업급여와 최저임금의 차이를 벌림으로써 일하도록 유인하고 실업을 벌주겠다는 신자유주의적 발상을 노골적으로 드러내는 것이다. 실업이 늘어 재정 적자 우려가 커지면 보험료를 추가로 인상하거나 추가 개악을 시도할 가능성이 있다.

문제는 이런 '개선'을 사회적 합의의 '성과'라고 하기 어렵다는 것이다. 이런 조처들은 대부분 정부가 애당초 약속한 것보다 후퇴한 것일 뿐 아니라 보험료 인상 등 노동자들에게 추가 부담을 지워 사실상 조삼모사가 됐다. 기초연금도 여전히 전체 노인의 66퍼센트만 받고 있다.

국민연금 개악 시도

문재인 정부는 경사노위 출범 전에 이미 국민연금 보험료 인상을 기정사실화하는 연금 '개혁'안을 제시했다. 동시에 경사노위에는 국민연금특위를 설치해 '개혁'안을 논의하라고 했다. 사실상 정부의 안 중에 하나를 선택하는 모양새가 될 것이 뻔해 보였다.

국민연금특위는 2019년 4월 말로 예정된 논의 기간을 3개월 연장했지만 합의안 도달에는 실패했다. 기업주 단체들(경총, 대한상공회의소)이 연금 인상에 원천적으로 반대했기 때문이다. 이들 중 일부는 시장주의적 관점에서 연금 인상 자체를 반대했고('노후는 각자 책임져라'), 일부는 보험료 인상에 반대했다. 고용주가 노동자의 보험료 절반을 부담해야 하기 때문이다.

정부는 논의 기간 종료 시점을 앞두고 새로운 인구 추계를 반영해 보험료를 대폭 인상하는 안을 발표했다. 사실상 기존에 정부가 내놓은 안을 받아들이라는 협박이었다.

국민연금특위에 참가한 공적연금강화국민행동(이하 연금행동)은 한국노총, 한국여성단체연합 등과 함께 '보험료 인상을 전제로 한 연금 삭감 중지' 안을 제시했다. 이들은 현행 9퍼센트인 보험료를 10년에 걸쳐 12퍼센트로 인상하고 연금 수령액은 45퍼센트 이하로 삭감하지는 않는 안을 내놓았다.[*]

민주노총은 국민연금특위에 참여하지 않았지만, 연금행동에는 참여하고 있다. 결국 문재인 정부의 보험료 인상안은 경사노위와 연금행동이라는 전달 벨트를 거쳐 민주노총 자체의 연금 요구안에도 악영향을 끼쳤다. 얼마 전 민주노총 집행부는 연금행동이 제출한 후퇴안을 요구로 채택하기로 결정했다.

이 사례는 노동계급 대부분에게 영향을 끼칠 연금 같은 중요한 문제에서 경사노위가 어떤 구실을 하는지 잘 보여 준다.

건강보험 보험료 인상

문재인 정부는 건강보험 보장성 확대 정책(소위 '문재인 케

---

[*] 생애 평균 소득의 60퍼센트를 보장하기로 한 국민연금 수령액은 2008년에 10퍼센트포인트가 삭감됐고, 그해부터 매년 0.5퍼센트포인트씩 삭감되고 있다. 2028년에는 생애 평균 소득의 40퍼센트로 떨어질 예정이다. 이는 노무현 정부 시절에 결정한 대규모 연금 삭감 법안 때문이다.

어')을 추진하면서 건강보험 보험료를 매년 3퍼센트 넘게 인상해 왔다. 이는 공공부문 임금 인상률을 웃도는 수치로 사실상 실질임금 삭감 효과를 내고 있다. 2019년 4월에 발표한 국민건강보험종합계획에서는 2022년까지 보험료를 매년 3.49퍼센트씩 인상하겠다고 했다. 4년 동안 15퍼센트 가까이 인상하는 셈이다.

그렇다고 건강보험 보장성이 충분히 개선되고 있는 것도 아니다. 문재인 케어 발표 당시에도 건강보험 보장률 70퍼센트 달성이라는 목표가 지나치게 낮다는 지적이 있었다. OECD 평균인 80퍼센트에 한참 못 미치는 수준이기 때문이다. 또, 보장률 상향을 위한 수단도 직접적 가격 규제나 공공병원 확충 등이 아니라 보험 적용 대상을 차츰 늘려 가는 방식이다 보니 밑 빠진 독에 물 붓기가 되지 않겠냐는 우려도 컸다.

입원 환자들에게 호평을 받고 있는 간호간병통합서비스도 애초 계획보다 축소하려는 듯하다. 애초 2022년까지 10만 병상으로 확대하겠다고 했는데, 슬그머니 2023년 누적 '250만 명입원'으로 축소했다. 연 250만 명 입원을 채우는 데는 5만 병상만 있어도 가능하다.

2기 경사노위 산하에 설치된 보건의료위원회에서는 장기적으로 건강보험 보험료를 추가 인상하는 방안도 논의할 것으로 알려졌다.

문재인 복지 정책과 사회적 합의

문재인 복지 정책의 기초 개념이라 할 수 있는 '포용국가론'은 노무현의 사회투자국가론과 마찬가지로 유연안정성 모델을 기본으로 한다. 고용의 유연성(쉬운 해고)을 추구하되 이 때문에 저소득층이 되거나 아예 일자리를 얻지 못하는 이들에게 재취업 지원과 복지('안정')를 제공한다는 것이다.

그러나 고용 유연성의 효과를 극대화하려면 실업급여 수준을 낮추고 노동 연계 복지에도 징벌 효과(일하지 않으면 복지도 안 주는)를 동반해야 한다. 그래야 노동자들이 저임금 저질 일자리라도 계속 얻으려 할 것이기 때문이다. 복지의 '안정성'은 노동자들의 삶이 아니라 체제의 안정성을 추구하겠다는 얘기일 뿐이다.

따라서 경사노위는 '사회안전망 강화' 약속을 지키기 어렵다. 그러기보다는 지지부진하게 시간을 끌면서 민주노총이 복지 확대를 위해 투쟁해야 할 때 발목을 붙잡는 구실을 할 것이다. 2015년 공무원 연금 개악 당시 사회적 논의 기구가 그랬던 것처럼 말이다. 심지어 각종 보험료 인상 등 노동자들에게 양보를 강요하는 전달 벨트 구실을 하기 십상이다.

이런 상황에서 경사노위 논의에 기대를 거는 것은 어리석은 일일 것이다. 노동자들이 조건 개선을 위한 투쟁에 나서 정부와 기업주가 양보하도록 힘으로 강제할 수 있어야 한다. 그것이 진정한 복지 개혁에도 밑거름이 될 것이다.

3장

사회적 대화를 둘러싼
노동운동의 대응

(1) 고개 드는 사회적 대화 참여론

(2017년 9월부터 2018년 10월까지)

노사정위 전도사 문성현 씨와 측면 지원자들

2017년 9월 25일 노동부가 박근혜 정부 시절 도입된 2대 지침(일반해고와 취업규칙 불이익 변경 지침)을 폐기했다. '사회적 공감대 없이 일방적으로 추진'한 것이 문제였다고 인정했다. 그러면서 "사회적 대화 복원" 카드를 꺼내 들었다. 양대 노총이 노사정위에 복귀하라고 압박한 것이다.

노동법을 무시하고 노조도 무시하는 일방적 밀어붙이기는 분명 문제였다. 그러나 무엇보다 지침의 내용 자체가 문제였다. 가령 성과급제나 임금피크제(연공급 폐지) 도입 같은 임금체계 개편은 임금 삭감과 경쟁 강화를 부른다. 그러므로 '사용자 맘

출처: 김하영, 〈노동자 연대〉 223호(2017-09-27).

대로' 취업규칙을 변경한 것이 아니더라도 노동자들에게는 큰 문제다. 따라서 노동조합 활동가들은 정부가 본질적으로 유사한 의제를 사회적 대화 테이블로 가져와 추진하려는 것에 반대해야 한다. 그리고 노동 개악을 완전히 폐기하고 노동 적폐를 청산하라고 요구해야 한다.

박근혜 정부가 노동시장 이중구조 개선을 명분으로 대기업·정규직 노동자들의 조건을 공격했다면, 문재인과 그 정책 브레인들은 노동자 내 격차 해소를 이유로 대기업·정규직 노동자들의 양보를 얻어 내려 한다. 그렇지만 '노동시장 이중구조'나 '노동자 내 격차'나 그게 그거다.

차이가 있다면, 문재인 정부에게는 손뼉을 마주쳐 소리를 내줄 노동운동 인사들이 적지 않다는 것이다.

사회적 대화 추진에 가장 열을 내고 있는 것은 문성현 노사정위 위원장이다. 노동운동 출신이어서 노동운동 내 끈이 많고 속사정을 훤히 아는 그는 노사정위 재가동을 위해 심지어 노동운동 진영을 헤집어 놓는 일도 서슴지 않고 있다.

그래서 얼마 전 한상균 민주노총 집행부는 문성현 씨의 행보를 "정도를 벗어"난 것이자 민주노총을 존중하지 않는 것이라고 비판했다(2017년 9월 20일 성명). 민주노총과 협의도 하지 않은 채 한상균 위원장을 면회하고 산하 산별조직과 지역본부를 접촉한다는 것이다. 또, 이번 임원 선거에서 노사정위 복귀를 쟁점화하고 영향을 미치려는 "불순한 의도"도 의심된다고 했다.

민주노총 성명이 언급하고 있지는 않지만, 노사정위 복귀를 유보하고 있는 민주노총 집행부를 포위·압박하기 위해 문성현 씨가 사용하고 있는 또 다른 수단이 있다. 그것은 비정규직 이용인 듯하다. 문성현 노사정위 위원장은 2017년 9월 13일 전기련(전국기간제교사연합회)에 만남을 제의했다가, 전기련 측이 '사회적 대화에 참여하기 위한 것이 아님을 전제로 만나자'고 하자 만남 추진을 취소했다.

이것은 노사정위가 전기련 만남을 (기간제 교사 정규직화 문제를 위해서가 아니라) 순전히 노사정위 재가동 분위기 조성에 이용하려 했음을 보여 준다. 그러다가 뜻대로 되지 않을 듯하자 카드를 버린 것 같다. 그러나 전기련이 기간제 교사 문제를 이해당사자 간 다툼으로 보지 않고, 오히려 교육 현장에 비정규직을 양산한 정부가 책임져야 한다고 주장하는 것은 완전히 정당하다.

학교 비정규직이 공공부문 비정규직의 절반을 차지한다. 교육 현장에 이처럼 많은 비정규직이 있다는 것은 어처구니없는 일이고, 대표적 '노동 적폐'다. 이 문제를 당사자(기간제 교사, 정규직 교사, 임용 대기자, 임용 고시생, 학부모) 간 이해관계 타협으로 풀어야 한다는 문성현 씨의 주장은 문재인 정부의 책임을 면하게 해 주는 것일 뿐이다.

노동운동 내에서 고개 드는 노사정위 재가동론

한상균 민주노총 집행부가 노사정위 복귀에 거리를 두고 있음에도 노동운동 내에는 노사정위 재가동과 사회적 대화 추진을 측면 지원하는 단체와 개인이 많이 있다.

최근 노동자 대투쟁 30년 기념 정의당 토론회에서는 사회적 대화 기구 참여 촉구 주장이 많이 나왔다. 또, 한국노동사회연구소와 그 친화적 인사들은 대표적인 중층적 사회적 대화 기구 추진 옹호자들이다. 한국비정규노동센터도 사회적 대화와 노사정위 역할론을 강조하고 있는 단체의 하나다.

문성현 씨는 노사정위 위원장에 위촉되고 나서, 노동계 우선 접촉 대상의 하나로 2017년 9월 12일 한국비정규노동센터를 찾았다. 이 자리에서 문성현 씨는 비정규직 교사·강사 문제를 사회적 합의 기구에서의 숙의를 통해 해결해야 한다고 주장했다(노사정위는 바로 다음 날인 13일 전기련에 만남을 제안했다).

그 이틀 후에 이남신 한국비정규노동센터 상임활동가는 〈매일노동뉴스〉에 기고한 글에서 "학교 비정규직 문제 해결 위한 국민 대토론회"를 제안했다. 그는 "절실하지 않은 당사자가 없었다"며 사회적 합의가 필수라고 했다. "기간제 교사와 강사, 현직 교사와 발령 대기 교사, 임용 고시생, 교육대 및 사범대생,

학부모까지 이해당사자와 함께 정부와 전문가'가 토론과 숙의 과정을 가져야 한다는 것이다.

그러면서 "정부가 성급했다"고 주장했다. 마치 정부는 정규직화를 하려 했는데 이해당사자 갈등에 부딪혀 좌절한 것처럼 말이다. 그러나 애초 공공부문 비정규직 제로 정책에서 비정규직 교사·강사를 제외한 것은 바로 정부였다. 문제인 정부는 "성급"했기는커녕 학교 비정규직을 제로로 만들기 위한 의지를 전혀 보이지 않았다. 오히려 이해당사자 간 갈등으로 치닫도록 내몰며 뒷짐 지고 구경했다.

이런 상황에서 노동운동 일부에서처럼 "정규직 교사 중심의 강고한 기득권 구조를 혁파해야 한다"고 강조하면, 마치 비정규직 교사·강사 문제의 책임이 정규직 교사에게 있는 것처럼 호도될 수 있다. 이런 호도는 정부와 기업들이 마땅히 책임져야 할 비정규직 문제 해결의 비용을 정규직 노동자들에게 전가하는 데 거듭 이용됐다.

사회적 대화를 포함한 모종의 협상 자리에서 비정규직의 염원이 제대로 반영되느냐 하면 그것도 아니다. 비정규직 노동자들의 정규직화 염원은 이런 자리에서 흔히 비현실적 이상론으로 치부된다.

투쟁을 통해 현실을 변화시키려는 전망에 기초하지 않고 그저 주어진 현 상황을 전제로 이해당사자들 간의 타협을 생각하는 경향이 강하다. 그러다 보면, 이미 오랫동안 차별을 겪어 온 희생자들에게조차 현실론이라는 이름으로 양보가 강요되기 마련이다. 민주노총 추천으로 교육부 정규직 전환 심의위원이 된 일부 전문가들이 심의위에서 기간제 교사들의 정규직화 요구를 대변해 주기보다 그것의 "현실적 어려움"을 지적한 것도 그런 논리가 작용했기 때문일 것이다.

주어진 현 상황을 전제로 보는 관점은, 문재인 개혁의 불충분함과 공약 파기에 맞서 싸우려 하기보다 그의 개혁이 성공하도록 뒷받침하자는 생각과 흔히 맞물려 있다.

사회적 대화를 지지하는 많은 사람들이 비정규직 교사·강사의 요구를 외면한 전교조의 결정을 비판한다. 일리 있고 옳은 지적이다. 그러나 정규직 노조 비판을 정규직 양보를 압박하는 용도로 사용하려는 것은 문제다. 이것은 정규직과 비정규직의 연대를 강화하는 데 전혀 도움이 되지 않는다.

민주노총 금속노조 기아차지부 사례를 보면, 양보 추진("나눔과 연대")은 비정규직을 노조로 받아 주지 않거나 심지어 분리시킨 노동조합 지도자들조차 얼마든지 채택할 수 있는 방안임을 알 수 있다. 그렇지만 이런 양보는 진정한 연대 회복에 긍정적 요소로 작용하지 않았다.

사회적 대화 기구는 정규직과 비정규직이 (모두 노동계급에 속하는데도) 서로 이해관계가 다른 집단이라는 생각을 전제로

할 것을 강요한다. 둘의 조건은 마치 시소처럼 움직인다고 여겨진다. 그러나 투쟁은 정규직과 비정규직이 정부와 기업주에 맞서 이해관계가 동일한 집단으로 단결하기를 강요한다. 양보가 아니라 투쟁 연대가 필요한 이유다.

대화 참여 압박하며 분란 조성하는 청와대

한상균 민주노총 집행부는 2017년 10월 24일 문재인 대통령의 노동계 초청 간담회에 불참했다. 그리고 청와대가 "진정성 있는 간담회보다 정치적 이벤트를 위한 만찬행사를 앞세우는 행보"를 했다고 비판했다. 민주노총은 청와대가 일부 산별·단위 노조를 선별 접촉해 만찬에 초청하는 방식을 반대했지만, 청와대는 이를 무시하고 강행했다.

민주노총의 불참을 두고 노동운동 안팎의 온건 개혁 진영에서는 불만과 비판을 쏟아 내고 있다. "뚜렷한 명분 없이 대화의 물꼬를 틀 기회를 외면했다"는 것이다. 민주노총 가맹 조직인 보

출처: 김하영, 〈노동자 연대〉 226호(2017-10-25).

건의료노조도 민주노총의 불참 결정이 "매우 유감"스럽다며 "엄중한 내부 평가"가 필요하다고 했다.

그러나 문재인의 노동계 초청 간담회는 사회적 대화와 대타협 필요를 강조하고 노사정위 복귀를 압박하고자 마련된 자리였다. 문성현 노사정위 위원장이 배석한 것이나, 하다못해 만찬 메뉴('집 나간 며느리'도 돌아오게 한다는 전어)까지 청와대는 이 목적을 노골적으로 드러냈다.

이는 "책임 있는 노정 교섭"을 요구해 온 민주노총의 바람과는 배치되는 것이었다. 그래서, 민주노총이 청와대가 일부 산별·단위 노조를 선별 접촉하고 초청한 것을 문제 삼은 것은 단지 "의전"상의 문제(〈경향신문〉 10월 25일 자 사설의 표현)가 아니다.

청와대는 만찬 초청 대상도 사회적 대화와 정규직 양보를 압박하기 위한 용도로 선정했다. 가령 청와대는 "SK하이닉스 노조는 비정규직 협력업체 처우 개선의 모범 사례를 보여 주어 초청"했다고 설명했다. SK하이닉스 노사 합의(2015년)는 이른바 "임금 공유제"로 알려졌다. 임금 인상분의 10퍼센트를 떼어 협력업체 노동자의 임금 인상과 복지에 쓰기로 한 것이다. 당시 박근혜 정부의 노사정위는 이 사례를 적극 띄우며 노동 개악을 정당화하고 정규직 양보를 압박하는 데 이용했다.

문재인 청와대는 또한, 민주노총의 반대를 거슬러 민주노총 산하 산별노조 가운데 오로지 보건의료노조만을 초청 대상으로 확정했다. 보건의료노조가 "사회적 대타협"에 협력하고 있기 때문이다. 청와대 만찬 당일 오전 보건의료노조는 일자리 대타협을 위한 "임금 인상 자제" 방침을 재확인했다. 만찬 참석이 불발된 이후에는 성명을 내어, "이[만찬] 자리를 빌어 … 노사정 사회적 대화의 필요성에 대한 의견을 함께 나누고자 계획[했었다]"고 밝혔다.

문재인 정부가 노사정위 재가동을 위해 노동운동 내부를 선별 접촉하고 내분을 일으키는 등 헤집기를 불사한 것은 이번이 처음이 아니다. 그중 하나가 비정규직 이용이다. 청와대는 사회적 대화가 마치 약자를 위한 것인 듯한 인상을 주고자 한다. 비정규직을 정규직화할 수 있도록 또는 청년 실업자들을 위해 일자리를 창출할 수 있도록 정규직이 도와야 한다는 식으로 말이다.

정부 책임 회피하는 알리바이

아마도 문재인 대통령은 신고리 핵발전소 5·6호기 건설 재개를 사회적 합의로 결정한 이후 그 탄력을 이용해 노사정 사회적 대화를 추진하고 싶었을 것이다. 그는 2017년 10월 22일 신고리 5·6호기 건설 재개에 대한 입장을 발표하면서, "사회적 갈등 현안들을 해결하는 다양한 사회적 대화와 대타협이 더욱 활발해지길 기대한다"고 했다.

그러나 신고리 5·6호기 건설 재개 결정 과정은 사회적 대화가 공약을 파기하고도 책임을 회피하는 유용한 알리바이이고, 그에 반대하는 운동을 마비시킬 수 있음을 보여 줬다. 문재인은 마땅히 책임을 져야 할 문제를 사이드스텝으로 피하면서, 이를 이해당사자 간의 갈등 또는 타협 문제로 치환하고 있다.

한상균 민주노총 집행부는 문재인 취임 이후 노동 적폐를 해소하기 위해 정부가 할 수 있는 조처들부터 시행하라고 누누이 촉구했다. 장시간 노동을 정당화하는 행정해석 폐기나 공무원노조·전교조 합법화, 한상균 위원장 석방과 이영주 사무총장 수배 해제 등이 그런 사례. 이런 요구는 완전히 정당하다.

또, 민주노총이 노사정 대화의 '기울어진 운동장'을 비판해 온 것도 옳다. 물론 힘의 기울기는 단지 노사정 대화냐, 노정 대화냐에서 비롯하는 것은 아니다. 기업과 국가를 운영하고 주요 정책을 결정해 온 자들과 그들에게 빼앗기고 피해를 입어 온 사람들이 대화 테이블에서 힘의 균형을 이루기는 힘들다.

정부가 할 수 있는 조처들이라도 우선 시행하도록 압박하는 힘도, 정부가 노동자들의 진정한 요구에 귀 기울이도록 만드는 힘도 모두 노동자들의 집단적 투쟁에서만 나올 수 있다.

민주노총 임원 선거 핫이슈가 된 사회적 대화 참여론

　민주노총 9기 임원 선거에서 '사회적 대화'가 단연 핵심 이슈로 떠올랐다. 2017년 11월 19일 후보 간 TV토론에서도 이 점이 잘 드러났다.

　3번 윤해모 후보는 문재인 정부 등장으로 "시대가 바뀌었다"며 시종일관 "노사정위를 통한 노동 현안 해결"을 주장했다. 투쟁보다 대화에 거의 전적으로 강조점이 있음을 드러낸 것이다. 그는 "노사정위 대화로 해결 안 되면 이후에 투쟁하면 된다"고 주장했다. 그러나 대화에만 매달리다 투쟁의 타이밍을 놓치고 조합원들의 사기를 갉아먹은 뒤 투쟁을 시작하면, 스스로 불리

출처: 김하영, 〈노동자 연대〉 230호(2017-11-22)에서 발췌.

한 처지로 몰아넣은 격이어서 좋은 결과를 거두기 힘들다. 그러고는 조합원들 탓하는 노동조합 지도자들을 우리는 많이 봤다.

1번 김명환 후보와 4번 조상수 후보는 모두 노사정위가 아닌 새로운 사회적 대화 참여를 주장했다.

특히 1번 김명환 후보는 최근 '신8자회의'를 제안했다. 노사정위를 대신할 새로운 사회적 대화 기구를 8자(노동 대표 2인, 사측 대표 2인, 정부 대표 2인, 대통령, 국회 대표)로 구성하자는 것이다. 얼마 전 한국노총이 제안한 '8자회의'와 매우 흡사하다. 이렇게 되면 8자 중에 민주노총 몫은 겨우 1인에 불과할 것이다.

4번 조상수 후보는 '신8자회의' 제안을 비판했다. 조 후보는 "국회를 끌어들이면 논의를 어렵게 할 뿐"이라며 "노사정 대표자들의 책임 있는 논의"를 대안으로 내놓았다. 그러면서 새로운 사회적 대화 기구를 만들려면 시간이 걸리므로 "사안별 노사정 대화"를 당장 추진하겠다고 했다. 자신이 1번 김명환 후보보다 사회적 대화 성사를 위한 더 빠르고 현실적인 길을 제시한다는 점을 부각한 것이다.

그렇지만 "노사정 대표자회의"는 이전에 없던 방법이 아니다. 2005년 민주노총 이수호 집행부는 노사정위 복귀 반대가 중론인 상황에서 그것을 우회해 노사정 대화에 참여하는 방법으로 '노사정 대표자회의'에 참가했다. 그러나 당시 비정규법안과 노사관계 선진화 방안이 논의되는 과정에서 드러난 '노사정 대표 자회의'의 문제점은 노사정위의 경우와 하등 다를 바 없었다.

그러나 4번 조상수 후보와 1번 김명환 후보는 사회적 대화 문제에서 차이보다는 공통점이 더 많다. 둘 다 사회적 대화 성사에 강조점이 있다. 그 방법의 차이는 부차적일 뿐이고 얼마든지 절충 가능하다. 두 후보 모두 사회적 대화에서 정규직 노동자들의 조건 양보를 내놓을 우려가 있다는 점도 공통점이다. 1번 김명환 후보는 사회연대전략을 공약으로 내놓고 있다. 4번 조상수 후보는 노동시간 단축이 청년 일자리 창출로 이어져야 한다며 노사정의 책임과 역할 분담을 주장하고 있다.

한편, 차이보다 공통점이 더 많은 중간파 후보들 사이의 공방에 비해, 2번 이호동 후보는 투쟁을 부각했다. 그는 또한 노사정위 복귀를 반대하면서 노정 대화가 우선이라고 주장했다. 그러나 투쟁과 교섭의 관계, 교섭의 내용(정규직 양보론에 대한 우려) 등의 문제는 제대로 다뤄지지 않았다. 그러다 보니 노정 대화냐 노사정 대화냐 하는 교섭 대상자 문제가 가장 크게 부각됐다.

문재인 정부의 노동정책에 비춰 민주노총에 요구되는 과제가 무엇인지를 구체적으로 제시하고, 이에 관한 다른 후보들의 부족한 점을 날카롭게 제기하는 것이 후보 간 견해 차이를 살펴보려는 조합원들에게 더 도움이 될 것이다.

노동조합 지도자들 사이에서 사회적 대화에 대한 기대가 확산되고 있는 이때, 투쟁을 강조하는 것은 어쨌든 필요한 일이다. 투쟁적·급진적 조합원들은 좌파적 노조 지도부의 좀 덜 구체적인 정치적 전망과 지향을 그들의 대중투쟁으로 메울 수 있을 것이다. 혁명적 좌파는 이 과정에서 자신의 독자적 전망과 지향을 제안하도록 애써야 한다.

대화에 발을 들인 민주노총 신임 집행부

2018년 1월 31일 김명환 민주노총 위원장이 노사정 대표자 회의에 참가했다. 민주노총 신임 집행부가 취임한 지 한 달 만이다.

민주노총의 브리핑에 따르면, "노·사·정 대표자들은 사회적 대화를 복원하여 양질의 일자리 창출, 사회양극화 해소, 헌법에 보장된 노동3권 보장, 4차 산업혁명과 저출산·고령화 등 시대적 과제를 시급히 해결해야 한다는 데 인식을 같이하였다."

앞으로 노사정 대표자회의는 사회적 대화 기구의 개편 방안과 의제 등을 논의할 예정이다. 민주노총 중앙집행위원회 회의(1월 25일)는 노사정 대표자회의 참가를 결정하면서, "(새로운

출처: 김하영, 〈노동자 연대〉 236호(2018-02-01).

사회적 대화에 참가하는 것이 아니라) 사회적 대화 기구 재편 논의[에 참가하는 것]"이라고 선을 그었다. 그러나 사실상 민주노총은 사회적 대화 참가의 걸음을 뗀 것이다.

대화에 적극적인 김명환 신임 지도부가 취임하자, 문성현 노사정위 위원장은 기다렸다는 듯이 새로운 사회적 대화 기구 구성을 제안했다. 연이어 청와대 일자리수석과 민주당 원내대표, 그리고 대통령이 직접 나서 민주노총 지도부를 만나 사회적 대화 복원을 촉구했다.

김명환 위원장은 노사정 대표자회의에서 사회적 대화 기구 재편을 논의하자는 문성현 노사정위 위원장의 제안을 "열린 자세"라고 평가하며 이에 참가하겠다고 밝혔다(위원장 담화문). 그러나 김명환 위원장은 후보 시절, '새로운 사회적 대화 기구 구성을 위한 신8자회의'를 제안하면서 "[여기에] 노사정위원장이 들어가는 순간 식물화하고 있는 노사정위에 영양제를 주는 것이나 다름없다"고 했었다(〈매일노동뉴스〉 2017년 11월 20일).

무엇보다, 김명환 신임 지도부는 문재인 정부의 사회적 대화 추진은 이전 정부들의 대화 제의와는 다르다고 보는 듯하다. 이전 정부들은 신자유주의 정책을 관철하고자 합의를 압박하는 수단으로 사회적 대화를 이용했지만, 지금은 상황이 달라졌다는 것이다.

물론 문재인 정부가 노동계와 "국정 파트너로서의 관계를 복원"하겠다며 노동조합 지도자들과의 대화에 신경을 쓰는 것은 사실이다. 그러나 문재인 정부가 노동조합 지도자들을 대화 테이블로 불러들여 성취하려는 것은 이전 정부들과 크게 다르지 않다. 바람을 일으켜 옷을 벗기느냐 햇볕을 쬐어 그렇게 하느냐가 다를 뿐이다.

문재인은 대통령 선거 때부터 "사회적 대타협"을 강조해 왔다. "조금씩 양보하고 짐을 나[눠]"야 한다는 것이다. 문재인 정부가 그 모델로 유력하게 제시하고 있는 것은 네덜란드 사례다. 네덜란드 '모델'의 핵심은 일자리 창출을 명분으로 실질임금을 삭감하는 것이다. 네덜란드 노동조합 지도자들은 여성·청년 일자리를 늘리기 위해서라며 임금 양보를 수용했다.

2018년 초부터 다시 부상하고 있는 "광주형 일자리 모델"은 문재인 정부가 노사정 대타협을 통해 추진하고자 하는 것이 무엇인지를 짐작하게 해 주는 한 가지 사례다. '광주형 일자리'는 친환경차 생산 설비를 조성해 일자리를 만들되, 노동자들의 임금을 현대차·기아차의 절반 수준으로 낮춘다는 것이다. 청와대 관계자는 "노사정 대타협은 중앙 단위뿐 아니라 산업·지역 타협도 중요"하다며 "이런 측면에서 광주형 일자리 모델은 상당히 의미가 크다"고 했다.

또, 정부 안팎의 온건 개혁파 인사들은 사회적 대화 활성화를 위한 의제로 특히 연대임금을 꼽는다. 그런데 이것은 상대적

고임금 노동자들의 임금 인상을 억제하는 것을 포함한다. 노사정위가 주최한 심포지엄에서 조성재 노동연구원 연구위원은 이렇게 말했다. "상층부를 자제하게 하는 것은 어떻게 할 것이냐 … 과거 정부에서 1차 노동시장을 약하게 하면 양극화가 극복될 것 같다고 [했다면], 이제는 자발적인 연대임금전략을 쓸 수 있는 환경을 조성하자는 것[이다.]"

사실, 노·사·정 대표자들이 "인식을 같이하였다"(민주노총의 브리핑)는 사회적 대화 의제들은 대부분 한국 경제의 위기 장기화와 저성장 등의 문제를 해결하기 위한 것이다. 이런 의제들을 놓고 노동자들이 협력해야 한다는 논리는, 경제 위기 때는 국가 경제와 기업 생존을 위해 노동자들의 양보가 불가피하다는 것으로 이어지기 쉽다.

노동운동 좌파의 과제

물론 김명환 신임 민주노총 집행부는 조합원 직접선거를 통해 사회적 대화 참여에 대한 지지를 얻었다고 주장할 수 있을 것이다. 그러나 그 속에서 무엇을 논의하고, 어떤 내용을 합의할지에 대한 지지까지 얻은 것은 아니다. 사회적 대화가 노동자들에게 유리하게 전개되지 않고 도리어 양보가 강요된다는 것이 점차 드러나면, 기존 노사정위와 별로 다르지 않다고 생각하는 조합원들이 늘어날 것이다.

좌파들은 사회적 대화 기구에서 논의되는 내용과 그 의미를 구체적으로 들춰내고, 노동조합 지도자들이 노동자들에게 유리하게 협상하는지도 감시해 들춰내야 한다.

우리는 김명환 신임 지도부가 대화뿐 아니라 투쟁도 공약했음을 기억한다. 김명환 위원장 자신도 그 점을 인정하고 있다. 그러나 정부·여당이 노동시간 관련 근로기준법 개악을 기도하고, 최저임금 무력화를 방조하고, 학교 비정규직 노동자들의 정규직화 '제로' 항의를 무시하는 상황을 보면, 그에 걸맞은 투쟁이 조직되고 있지는 못하다고 지적할 수밖에 없다.

만약 아래로부터의 노동자 투쟁을 기성 정치구조나 대화·교섭을 위한 압력 수단 정도로 생각한다면, 대화에 발목이 잡혀 투쟁 적기를 놓치고 노동자들의 사기를 떨어뜨릴 수 있다.

좌파들은 아래로부터의 노동자 투쟁을 고무하고 조직하고자 최선의 노력을 기울여야 한다. 노동조합 지도자들이 대화 기구에 들어가고 투쟁을 뒷전으로 한다고 해서 기층에서 투쟁이 벌어지지 않는 것은 아니다. 좌파가 그런 투쟁을 지지하고 고무할 때 노동자들이 대안 부재 때문에 나쁜 안을 수용하고 수동적이 되는 것을 최소화할 수 있다.

현재는 민주노총 조합원의 다수가 사회적 대화 참가를 지지할 수 있다. 이런 노동자들을 경멸하는 것은 어리석은 태도일 것이다. 다시 강조하는 것이지만, 사회적 대화 기구 논의를 구체적으로 폭로·비판하는 한편으로, 아래로부터의 노동자 대중투쟁을 지지하고 촉진하려 애씀으로써, 사회적 대화의 본질과 한계를 대중에게 입증해야 한다.

문재인의 우향우에도
복원된 노사정 대표자회의

민주노총 중앙집행위원회는 2018년 8월 16일 회의를 통해 노사정 대표자회의 복귀를 결정했다. 민주노총이 문재인 정부의 최저임금 삭감법 추진에 항의해 2018년 5월 22일 노사정 대표자회의 참가 중단을 선언한 지 석 달 만이다.

그러나 그 석 달 동안 민주노총이 노사정 대표자회의 참가 중단을 재고할 만한 변화는 전혀 없었다. 오히려 민주노총이 노사정 대표자회의에 남아 있었다 해도 박차고 나와야 마땅한 일들만이 잇달아 일어난 석 달이었다.

문재인 정부는 최저임금 삭감법 등에 대해 반성하기는커녕 지방선거

출처: 김하영, 〈노동자 연대〉 256호(2018-08-23).

이후 우향우에 속도를 더하면서 친기업적 정책에 열성을 보였다. '혁신 성장'의 이름으로 대기업들이 요구해 온 규제 완화를 추진하는 것이 대표적이다. 지금 민주당은 서비스산업발전기본법과 규제 프리존특별법을 8월 임시국회에서 통과시키겠다고 벼르고 있다. 박근혜가 '줄·푸·세'(세금 줄이고 규제 풀고 법치 세우고) 기조 속에 추진했던 대표적 신자유주의 정책들을 고스란히 이어받은 것이다.

문재인은 2018년 7월 3일 김명환 민주노총 위원장과의 면담에서 "지방선거 이후 진행하려는 개혁에 속도를 조금 더 내겠다"고 했는데, "개혁"의 실체가 바로 이런 것이었다! 당시 아무것도 얻지 못한 이 면담에 대해 민주노총 간부층 내에서도 불만이 속출했다.

반면 노동자들을 향해서는 공세가 이어졌다. 최저임금 삭감법을 통과시킨 지 얼마 지나지 않아 정부는 해고를 쉽게 하는 노동시장 구조개혁을 예고했다. 이른바 한국형 유연안정성 모델은 "실업급여 등을 확충해 안전망을 확대해 나가면서 노동시장 유연성도 확보하겠다는 전략"이다(《한겨레》). 최근 정부가 예고한 국민연금 개악도 노동계급 사람들의 삶을 악화시키는 정책이다.

민주노총 지도부는 새로운 사회적 대화가 "지난 정권까지 강압적으로 추진하다 이미 파탄 난 신자유주의 노동 유연화 정책 폐기를 전제로 한 것이어야 한다"고 강조한 바 있다(2018년 4월 24일 민주노총 논평 "새로운 사회적 대화기구 개편방안 합의에 부쳐"). 그러나 규제프리존특별법 추진을 보든 노동시장 유연성 카드를 꺼내 드는 것을 보든, 문재인 정부가 민주노총이 주장한 "전제"와는 다른 방향으로 가고 있음이 명백하다.

민주노총 지도부는 석 달 전 노사정 대표자회의 참가 중단을 선언하면서, "문재인 정부의 노동 존중 정책이 사실상 폐기되는 국면"이라고 했다. 그러나 그런 국면은 계속되면서 점차 분명해지고 있지, 개선되고 있지 않다.

민주노총 중앙집행위원회도 이 점을 모르지 않을 것이다. 그리고 이런 상황에서 노사정 대표자회의 복귀 명분이 별로 없음도 모르지 않을 것이다. 그래서 궁여지책으로 "신뢰 회복 조치를 위한 노정 교섭 병행 추진"을 제시한 듯하다.

그러나 지금까지 무너진 신뢰가 노정 교섭을 통해 회복될 수 있다고 기대하는 것이 합당할까? 이를 검증하는 데는 24시간도 걸리지 않았다. 민주노총이 노사정 대표자회의 복귀를 결정한 직후, 전교조 법외노조 문제로 노정 실무협의(노정 4자회담을 추진하기 위한 실무협의)가 열렸다. 그러나 정부 측은 법외노조 지위를 직권으로 취소하지 못한다는 입장을 되풀이하면서 이것이 대통령의 의지라고 강조했다. 결국 전교조는 노정 4자회담이 의미 없다고 보고 이를 추진하지 않기로 했다.

노정 교섭에 대한 기대는 문재인 정부의 우향우가 정부 내 일부 인사들만의 문제라고 오해하는 데서 비롯한 것일 수 있다. 그러나 이번에 "노정 교섭 병행 추진"이 노사정 대표자회의 복귀의 '보완책'으로서 제시된 것은, 사회적 대화는 반대해도 노정 교섭은 지지하는 좌파 노조 간부들을 달래고 설득하려는 것이었을 수도 있다.

민주노총 정책대의원대회

민주노총 중앙집행위원회는 노사정 대표자회의 복귀를 결정하면서, 경제사회노동위원회(노사정위 후신인 새로운 사회적 대화 기구, 이하 경사노위) 참가 문제는 대의원대회에서 결정하겠다고 밝혔다.

그러나 민주노총이 노사정 대표자회의만이 아니라 사회안전망개선위원회와 노사관계제도·관행개선위원회 등에도 참가하기로 결정한 것을 보면, 사실상 경사노위 논의에 참가하기 시작한 것으로 볼 수 있다.

사회안전망개선위원회와 노사관계제도·관행개선위원회는 경사노위 산하 의제별 위원회들로, 각각 2018년 7월 12일과 20일 발족했다. 경사노위는 민주노총 내 논란을 방지하면서 민주노총 지도자들을 이 위원회들에 참여시키기 위해서인지, 최근 느

닷없이 이 의제별 위원회들을 노사정 대표자회의 산하 위원회들인 것으로 이름패를 바꿔 달았다.

그러나 이런 꼼수에도 불구하고 사회안전망이나 노사관계제도 등이 새로운 사회적 대화 기구의 논의 의제로 선정된 것이라는 사실까지 뒤집을 수는 없다. 실제로 경사노위 측에 문의해 보니, 민주노총이 대의원대회에서 경사노위 참가를 결정하면 각 위원회는 경사노위 산하 기구로 전환될 예정이라고 한다.

민주노총 중앙집행위원회가 2018년 1월 25일 노사정 대표자회의 참가를 결정했을 때, 노사정 대표자회의는 "새로운 사회적 대화 기구 재편과 구성을 위한 논의 기구"로 규정됐다. 그러나 이번 복귀 결정을 통해 민주노총은 (사회적 대화 기구 개편 방안, 의제 선정 등 애초 논의 범위를 넘어) 새로운 사회적 대화 기구에서 다루기로 한 의제 논의에도 참가하게 된 것이다. 민주노총 대의원대회가 경사노위 참가 여부를 결정하기도 전에 말이다.

의사 결정 절차 문제뿐 아니라 민주노총이 이 위원회들에서 어떤 내용으로 대응할지도 문제다. 정부와 사용자들은 국민연금 개악을 압박하고, 사회안전망 마련을 노동시장 유연화의 추진력으로 이용하려 하는 등 민주노총에 양보를 강요할 텐데 말이다.

문재인 정부의 우향우를 보면 지금은 어느 때보다 그에 맞선 실질적 투쟁을 해야 할 때다. 그러나 정부가 국민연금 개악이나 서비스산업발전기본법, 규제프리존특별법 등을 정신없이 쏟아 내고 있는 데 반해 안타깝게도 노동운동은 신속하고 단호하게 저항하지 못하고 있다. 민주노총 지도부는 노사정 대표자회의 참가 중단 이후 2018년 6월 30일 8만 명 규모의 노동자대회를 개최했지만, 이내 사회적 대화 복귀 쪽을 기웃거렸다. 산별노조·연맹 지도자들과 일부 노동단체 지도자들도 노사정 대표자회의 복귀를 촉구했다.

그러나 노동조합 지도부가 문재인 정부와의 신뢰 회복을 바라고 대화에 대한 기대를 부추기는 동안 정부에 맞선 노동자 대중투쟁이 확대되기를 기대하기는 어렵다. 이런 식의 "투쟁과 교섭 병행"은 가능하지 않다. 노동자들을 무장 해제하는 효과를 내기 때문이다.

지금 부족한 것은 사회적 대화나 교섭이 아니다. 어차피 사회적 대화나 교섭에서도 정부와 사용자들은 노동자들의 조건을 공격하거나 기껏해야 형편없는 안을 들이밀 것이다. 중요한 것은 그것을 저지할 힘을 실제로 발휘하는 것이다. 그 힘은 경제 침체 전망 속에서는 오직 대중투쟁을 통해서만 발휘될 수 있다.

(2) 민주노총 좌파의 사회적 대화 반대

(2018년 9월부터 2019년 4월까지)

민주노총의 경사노위 참여
회의론이 떠오르다

2018년 10월 17일 민주노총 정책대의원회대회가 개최됐으나 정족수 부족으로 의결 안건을 다루지 못한 채 유회됐다. 민주노총 집행부는 이번 대의원대회에서 정부·기업인들과의 '사회적 대화' 기구인 경사노위 참여를 결정하려 했으나 이를 관철하지 못했다. 정책대의원대회의 무산은 민주노총 대의원들이 경사노위 참여에 냉담하고, 경사노위 참여에 열을 내는 집행부 노선에 불만이 많음을 보여 준다.

이번 대의원대회는 문재인 정부의 경사노위 참여 압박과 김명환 민주노총 위원장의 강력한 참여 의지 표명 속에서 개최됐

출처: 김하영, 〈노동자 연대〉 263호(2018-10-18).

다. 김명환 위원장은 대의원들에게 보내는 호소문을 발표했고, 언론 인터뷰를 통해 "어떻게든 대의원들을 설득하겠다"고 했었다. 그럼에도 유회라는 결과가 나온 것은 기층 조합원들의 불만이 많음을 보여 준다.

민주노총 조합원들 사이에서는 문재인 정부가 우향우 행보를 지속하며 노동자를 공격하는 것에 대한 불안감이 증대하고 불만이 쌓여 왔다. 최저임금 줬다 뺏기, 엉터리로 전락한 공공부문 정규직 전환, 구조조정 과정에서 대규모 일자리 학살, 전교조 법외노조 문제 해결 외면, 규제프리존법 통과 등 일일이 열거하기 어려울 정도다. 하반기 국회에서는 최저임금법 추가 개악, 탄력근로제 개악 등도 추진될 위험이 크다.

이런 상황에서도 민주노총 집행부는 "지금이 경사노위 참여 적기"라는 주장을 고수했다. 그렇지만 이 주장은 호응을 얻지 못했다. 경사노위 참여를 통한 사회 개혁 노선은 조합원들의 열의를 끌어내지 못한 것이다. 정족수 미달은 경사노위 참여 결정이 주요 안건인 이번 대의원대회에 상당수 대의원들이 참석할 열의가 없었음을 뜻한다.

"경사노위 참여 적기"라는 주장이 호응을 얻지 못하고 있음은 대의원대회 분임토론 과정에서도 감지됐다. 집행부는 경사노위 참가를 설득하려 했지만, 이에 대한 비판이 곳곳에서 제기됐다. "최저임금이 개악됐을 때 모든 위원회에서 나오고 투쟁을 강화했어야 했다." "민주노총 파업을 한 달여 남기고 경사노위 복귀 논란으로 혼란을 야기해야 하나?" "지금 싸우고 있는 노조가 한두 곳이 아니고 투쟁 동력이 없는 것도 아닌데 왜 집행부는 투쟁할 힘이 없다고 하는가?"

경사노위 참여 반대 목소리가 점점 커진 데는 민주노총 좌파의 기여도 컸다. 노동자연대, 노동전선, 노동당, 사회변혁노동자당 등의 좌파 단체들은 9월 초부터 민주노총의 노사정 대표자회의 참가 결정을 비판하며 투쟁 조직에 힘을 쏟으라고 촉구하는 공동 성명을 발표하기도 했다.* 대의원대회를 앞두고는 경사노위 참여에 반대하는 대의원 성명도 발표했다. 문재인 정부에 대한 불만이 커지는 분위기 속에서 좌파들의 호소는 상당한 호응을 얻었다. 노사정위 참가 안건 부결 분위기를 확인시키는 데 중요한 구실을 한 것이다. 정책대의원대회 당일에는 민주노총 대의원 100명을 비롯해 730명의 활동가들이 연서명한 '경사노위 참가 반대' 성명서가 반포됐다.

이번 대의원대회에서 경사노위 참가가 지지를 얻기는커녕 오히려 상당한 불만이 있음이 확인된 만큼, 민주노총 지도부는 지금 당장 투쟁을 선언해야 한다. 파업을 앞당겨도 부족한 상황

---

* 좌파 공동성명: 민주노총 지도부는 경사노위 참가 말고 문재인 정부의 친기업 정책에 맞서 투쟁에 힘써야 한다(2018년 9월 27일).

에서 두 길 보기로 시간을 낭비한 면이 있다.

문재인 정부의 우향우 행보는 결코 일시적인 것이 아니다. 경제 상황 악화 속에 문재인 정부는 노동계급을 공격하는 친기업 정책을 지속해 가려 한다. 시장 지향적 규제 완화를 통한 '혁신 성장'은 이를 위한 것이고, 한국 자본주의의 경쟁력 제고가 목표다. 임금 억제가 표적이 될 수밖에 없다.

그러므로 문재인 정부와 파트너십 갖기를 통한 (불가능한) 개혁 추구가 아니라 노동자들의 대중투쟁으로 개선을 쟁취해야 한다.

투쟁 선언이 단지 선언으로 그치지 않고 실질적이 되려면 기층의 투쟁적 활동가들이 이를 위해 적극 나서야 한다. 경사노위 불참 자체로 충분하지 않다. 경사노위에 참가하지 말자는 것은 거기에 발목 잡히지 않고 투쟁하기 위해서다.

문재인의 우향우에 맞서 저항이 증대하다

2018년 11월 21일 전국에서 민주노총 조합원 4만여 명이 파업 집회를 열었다. 서울에서 6만여 명 규모의 전국노동자대회를 연 지 열흘 만이었다. 이날 파업에는 16만 명이 참가했다. 12만 8000명이 참가한 금속노조는 2018년 들어 최대 규모의 파업이었다고 밝혔다.

이것은 "노동 존중"을 표방하면서 실제로는 친기업·반노동 정책을 추진하는 문재인 정부에 대한 실망·배신감·분노가 쌓인 결과다. 배제와 저임금 고착과 자회사 전성시대로 전락한 정규직 전환 정책, 최저임금 1만 원 공약 파기, 탄력근로제 확대

출처: 김하영, 〈노동자 연대〉 268호(2018-11-28).

추진, 광주형 일자리 추진, 기업들을 위한 각종 규제 완화와 구조조정 등에 이르기까지. 21일 집회에 참가한 노동자들은 문재인 정부가 "촛불 정부"가 아니고, "최저임금 줬다 뺏고 노동시간 줄였다 늘리는 거짓말 정부"라고 규탄했다.

이처럼 노동자들의 저항이 증대하는 상황에 직면해서 문재인 정부는 노동자 투쟁의 이완과 분열을 노리는 책략을 구사하고 있다.

첫째, 21일 파업 하루 전에 경사노위 노사관계제도·관행개선위원회 공익위원 안을 발표해 마치 문재인 정부가 노동계의 핵심 요구를 수용한 것 같은 인상을 풍겼다. 〈한겨레〉는 "노정 관계 경색을 풀 고리가 될 수 있을지 주목된다"고 측면 지원을 제공했다. 그러나 공익위원 안은 노동계의 바람과는 거리가 멀다. 해고자와 실업자의 기업 노조 내 활동은 여전히 제약이 크다. 특수고용 노동자의 노조 할 권리는 대통령 공약인데도 "방안 모색"이라는 말로 모호하게 처리했다. 전교조에 대한 '노조 아님' 통보 철회는 회피하고 법 개정 문제로 떠넘겼다. 특히, 장차 소위 '사용자 대항권'(작업장 점거 금지, 파업 시 대체근로 허용 등)을 논의하게 돼 있다. 맞바꾸기가 종용될 수 있는 것이다.

둘째, 21일 파업 다음 날에는 경사노위를 출범시키고 민주노총에 참여하라고 압박했다. 경사노위는 민주노총 참여 권고문도 의결했다. 심지어 대통령이 직접 나서서 "[민주노총이 참여를 결정하게 되는] 2019년 1월 말까지 한시적으로 각급 위원회 논의에 참여해 달라"고 촉구했다. 이것은 민주노총 대의원대회에서 경사노위 참가가 결정되지 못한 것을 무시하라는 주장인 셈이다! 경사노위 참가 결정 무산은 문재인 정부의 배신에 대한 분노 때문에 민주노총 내에서 '사회적 대화 참여'의 입지가 좁아진 결과인데도 말이다. 그렇지 않아도 민주노총 내에서는 경사노위 참가 결정이 무산됐어도 산하 위원회에는 참가해야 한다는 견해가 제기돼 왔다. 정부는 이런 점을 파고들어 분열을 조장하려 한다.

셋째, 하반기 들어 분노의 초점으로 떠오른 탄력근로제 확대의 추진 시기를 뒤로 조금 미뤄 대화 모양새를 갖추려 한다. 경사노위는 산하에 '노동시간제도개선위원회'를 신설했고, 대통령 자신이 나서서 "국회에 시간을 더 달라고 부탁하겠다"고 했다. 그렇지만 탄력근로제 확대에 관한 정부의 입장이 바뀐 것은 결코 아니다. 개악 의사를 철회하고 대화하겠다는 게 아니라, '답정너'식 논의를 하겠다는 것일 뿐이다. 개악 추진 당사자가 '개악 보완책이라도 논의하려면 대화에 들어오라'고 하는 것은 우롱일 뿐이다. 11월 21일 민주당은 자유한국당, 바른미래당과 함께 정기국회 내에 탄력근로제 확대가 처리되도록 노력하겠다고 밝혔다. 이것은 여당이 대화를 요식행위로 취급하고 있음을 보여 준다.

노동운동은 문재인 정부가 위와 같은 방식으로 투쟁 동력을 이완시키고 분열을 조장하려는 것에 단호하게 맞서야 한다.

대화의 끈 붙잡기?

민주노총은 11월 21일 '총파업 대회 결의문'을 통해 "정부와 국회가 노동착취-규제완화 개악을 일방적으로 밀어붙일 경우 2차, 3차 총파업"을 하겠다고 발표했다. 이런 상황에서 정의당이 (경사노위가 민주노총이 불참한 채로 출범하게 된 것은 문재인 정부 탓이라고 옳게 비판하면서도) 민주노총에게 "대화의 끈을 놓아버[리지 말라]"고 권고하는 것은 노동자들의 이해득실에 도움이 되지 않는 입장이다.

노동조합이 투쟁을 해서 사측이나 정부를 협상장에 끌어내는 것과, 사측이나 정부와의 파트너십을 전제로 사회적 대화를 하는 것은 큰 차이가 있다. 문성현 경사노위 위원장뿐 아니라 대통령이 나서서 "대화, 타협, 양보, 고통 분담"을 촉구하는 마당이다.

일각에서는 문재인 정부가 추진하는 사회적 대화는 신자유주의가 유력하던 이전 정부들과는 다르다고 주장한다. 그렇지만 문재인 정부가 보수 야당들과 손잡고 추진하는 규제 완화와 노동시간 유연화(탄력근로) 등이 신자유주의 정책이 아니면 도

대체 무엇인가?

게다가 민주노총은 경사노위에 참가하더라도 본위원회 18명 중 1명이 될 뿐이다. 민주노총의 대표성은 노사정위에서보다 더 축소된 셈이다. 일각에서는 미조직 노동자를 대변해 여성, 청년, 비정규직 대표가 참여하게 된 것을 환영하지만, 진정한 의미에서 그들에게 대표성이 있다고 보기는 어렵다. 실제로 교육공무직본부, 의료연대본부, 발전비정규직연대회의, 현대자동차비정규직지회, 기아자동차 화성비정규직지회 등 비정규직 노조들은 경사노위에 참가한 '비정규직 대표'를 인정하지 않는다는 성명을 발표했다. "우리는 그 누구에게도 대표성을 위임한 바 없다. 문재인 대통령은 우리의 목소리를 들어라"(2018년 11월 28일).

무엇보다, 시기를 정해 놓고 합의를 압박하면서 사회적 대화 기구를 정부 정책의 추진 수단으로 이용한다는 점은 하나도 달라지지 않았다.

현재 문재인 정부의 정치 위기가 심해지고 있다. 문재인 정부의 우경화와 배신은 노동자들의 분노와 불만을 증폭시켰을 뿐 아니라 우파의 기를 살려 줬다. 이런 위기 상황에서 문재인 정부는 더더욱 민주노총을 경사노위로 끌어들여 양보를 이끌어내는 면모를 지배계급에 보여 주고 싶어 할 것이다.

일각에서는 노동자들의 분노가 커져서 노동조합 지도자들이 사회적 대화를 추진하기가 어려워졌다고 관측하기도 한다. 그렇지만 역사를 돌아보면 국가 위기 시에 노동조합 지도자들이 국가에 통합되는 경향은 더 강화됐다.

노동조합 투사들은 경사노위 참가에 반대하고 투쟁이 확대되는 흐름을 강화하도록 노력해야 한다. 그리고 노동조합 지도자들에게 경사노위 산하 위원회 불참과 투쟁을 아래로부터 촉구해야 한다.

민주노총 좌파의 목소리:
경사노위 불참하고 투쟁으로

　민주노총의 경사노위 참가에 반대하고 문재인 정부의 노동 개악을 저지할 투쟁을 적극 건설하자는 토론회가 2019년 1월 13일 성황리에 열렸다. 경사노위 참가 안건이 다뤄질 1월 19일 민주노총 대의원대회를 앞두고 열린 토론회였다.

　"2019년 정세전망 문재인 정부와 노동운동의 과제: 경사노위 참가 말고 투쟁 건설로"라는 제목으로 열린 이 토론회는 노동당, 노동자연대, 노동전선, 사회변혁노동자당 등 좌파 단체들과 금속과 공공부문의 현장 좌파 활동가 모임 등 23곳이 공동

출처: 김문성·김지윤, 〈노동자 연대〉 272호(2019-01-14), 장호종, 〈노동자 연대〉 273호(2019-01-20)에서 발췌.

으로 주최했다. 토론회가 열린 민주노총 13층 대회의실은 각 지역과 부문, 단체에서 온 110명가량의 활동가들로 입추의 여지없이 들어찼다. 의자가 부족해 자리를 새로 마련하느라 시작이 늦어질 정도였다. 토론 분위기도 시종일관 진지했고 중간에 자리를 뜨는 사람도 거의 없었다.

경제 상황이 나빠지면서 문재인 정부가 친기업·반노동 기조와 개악 공세를 노골화하고 있다. 노동계 교란도 시도한다. 이런 상황에서 민주노총 정기대의원대회에는 경사노위 참가 안건이 올라가 있다. 이런 때에 경사노위 참가를 거부하고 노동 개악에 맞선 대중투쟁을 건설하자는 좌파 공동 토론회가 성황리에 열린 것은 그 출발로서 고무적인 일이다. 노동계 지도자들 다수가 '문재인 정부를 공격하면 우파가 강화된다'며 그동안 개악에 맞서고 투쟁을 보편화하는 일에 소홀했기 때문에 더욱 그렇다 (14일 아침에는 김명환 민주노총 위원장이 청와대 김수현 정책실장을 만난 게 알려졌다).

이날 토론회의 주된 초점은 1월 28일 민주노총 정기대의원대회에서 경사노위 참가 안건 부결을 위한 노력을 다각도로 하고 이를 대중투쟁을 설득하는 기회로 삼자는 것이었다. 참가자들 사이에서는 현재 고故 김용균 씨 사망 항의 운동이 정규직화 같은 계급 문제를 제기하며 더 강화돼야 한다는 공감대도 확인됐다. 1월 19일 전국노동자대회 참가도 물론 강조됐다.

김형계 노동전선 대표의 사회로 진행된 이날 토론회에는 양동규 민주노총 부위원장, 김하영 노동자연대 운영위원, 이승철 사회변혁노동자당 활동가(전 민주노총 사무부총장)이 발제자로 나섰다. 발제에서는 현재의 경제·정치 상황, 문재인 개혁의 성격, 경사노위의 성격, 향후 실천 과제들이 다뤄졌다.

사전에 조직된 특별 발언 시간에는 이인근 금속노조 콜트콜텍 지회장과 김수억 기아차 비정규직 지회장이 발언했다. 이인근 지회장은 "경사노위 참여 반대만이 아니라 정리해고와 비정규직, 노동 악법을 철폐시키는 투쟁을 조직하는 원년이 되길 바란다"고 했다. 대법원 판례(흥국생명)로, 사측이 미래의 경영 위기를 대비해 정리해고하는 것이 '합법'으로 인정돼 노동자들의 목을 죄어 오고 있다는 것이었다. 김수억 기아차 비정규직지회장은 1월 19일 전국노동자대회에 맞춰 18일부터 1박 2일로 비정규직 투쟁을 할 것이고, 구의역에서 청와대로 가는 행진 계획도 있다며 지지를 호소했다.

이어 진행된 자유 토론에서는 1월 28일 민주노총 정기대의원대회에서 경사노위 참가 안건을 어떻게 저지할 것인지, 경사노위 반대를 어떻게 투쟁과 연결할 것인지 등이 토론됐다. 경사노위는 노동 개악을 관철하려는 수단이라는 것에 참가자 모두 이견이 없었다.

문재인 정부에 대한 태도

발제자들은 문재인 정부의 정책 방향은 노동 개악 관철이라고 지적했고, 2019년에 경제 상황 악화 때문에 노동시간 유연화, 임금 삭감, 구조조정 등 반反노동 공세가 더 강화될 것으로 봤다.

양동규 민주노총 부위원장은 "문재인 정부가 던진 개악 내용은 최저임금 결정 구조, 탄력근로제, 직무급제, 광주형 일자리 확대, 규제 완화, 국민연금 개악까지 박근혜 정권도 하지 못한 '노동 개악 종합 패키지 세트'"라고 말했다.

김하영 노동자연대 운영위원은 문재인 개혁(개악)의 성격을 경제·지정학적 상황과 연결 지어 폭넓게 설명했다. "주로 미국과 중국으로의 수출에 크게 의존해 온 한국 경제는 미국 경제와 중국 경제 모두의 둔화, 중·미 간 무역 갈등의 심화 등으로부터 직격탄을 맞을 수밖에 없다. 성장률이 둔화하고 고용 상황이 악화한 데다 경제 전망이 어두워지자 문재인 정부는 지난 몇 달간 친기업 행보를 더 노골화했다. … 문재인 정부의 (말이 아니라) 실천은 기업 투자를 지원하는 것이다. [이처럼 문재인 개혁의 성격은] 한국 자본주의를 효율화하는 개혁일 뿐이다. 노동자들에게 만족할 만한 개혁을 제공하기도 어렵고, 그럴 의지도 없다. 따라서 문재인은 괜찮고 경제 관료만이 문제라는 생각은 순진한 것이다. … 경사노위는 노동조합 지도자들을 대화 테이블에 앉혀 양보를 강요하려는 것이다."

경사노위를 둘러싼 쟁점을 중심으로 발제한 이승철 변혁당 활동가도 노동 유연화 공세가 거세질 것이라고 전망했다. "정부는 [경사노위의] 개문발차 직후부터 고압적 태도를 보이는데 노동정책들이 매우 반노동적이다. 거의 박근혜 수준이다. 이 내용을 수용할 의지가 없으면 대화할 게 없다는 태도다. 노동시간과 임금이 경사노위의 핵심적 목표가 될 것이다. 재벌의 이윤 보장을 위한 법제도 개악 과정에서 노동의 양보를 제도적으로 더 보장받기 위한 경사노위 활용 목적을 점점 더 분명하게 드러내고 있[다.] 여기에 제 발로 들어가자는 주장은, 미련하거나 혹은 투항하려는 것이거나 둘 중 하나다."

발제자들은 민주노총 집행부의 경사노위 참가 의지가 현재 필요한 투쟁 건설에 족쇄가 되고 있다고 비판했다.

양동규 부위원장은 2018년 투쟁을 비판적으로 돌아봤다. "연초부터 최저임금 산입범위 개악이 있어 이를 저지해야 했는데 교섭과 투쟁의 병행 기조 속에서 사회적 대화 재개에 방점을 찍고 1년을 보냈다. … 대통령 면담에 들어갔다 나왔다가 하면서 시간을 다 보냈다. … 최저임금, 비정규직 투쟁, 잡월드 투쟁 등 공공부문 정규직화 투쟁, 김용균 씨 투쟁, 전교조, 특수고용, 지엠과 조선소 구조조정 투쟁 등이 있었다. 이를 총투쟁

전선으로 민주노총이 받아 안았다면 상당한 투쟁 전개가 가능했을 것이다. 그러나 지도부는 투쟁 동력을 보지 않고 경사노위 참가하지 않고는 얻지 못한다는 관념에 사로잡혀 있었다."

최근까지 민주노총 집행부로 일했던 이승철 활동가도 지도부의 태도를 비판했다. "민주노총 집행부는 자신감이 있다. 정부에 대한 지지가 곧 [정부와 협력하려는] 자신들에 대한 지지라 보고 내용 토론은 잘 하지 않으려 할 것 같다. 가장 우려스러운 것이 현안 투쟁과 경사노위 논의를 분리하려는 태도다. 같은 정부를 두고 각각의 문제에서 다르게 보자는 것은 이해할 수 없다. … 현안 문제 해결 없이 경사노위에서 해결해 보자는 것은 [기층의] 자발적, 원칙적 투쟁을 가로막고 있다."

김하영 운영위원은 우파의 위협을 핑계로 문재인 비판을 유보하는 태도를 비판했다. "[최근] 우파 정당이 반사 이익을 얻자 우파로부터 문재인 정부를 보호해야 한다는 주장이 나왔다. 그러나 애초 지지율 하락의 원인이 진보 염원을 배신한 탓이므로 이런 주장은 대중을 [노동 개악 공세 앞에서] 무장 해제하자는 것이다. 노동운동은 문재인을 유보 없이 비판해야 하고 아래로부터의 투쟁에 매진해야 한다. 대안 없이 반대 투쟁만 한 것이 문제라고 하는데, 투쟁이 불충분한 게 문제였지 투쟁을 해서 문제였던 게 아니다."

각자 강조점은 조금씩 달랐지만, 발제자들 모두 경사노위 참가 대신 대중투쟁을 건설해야 한다고 결론 내렸다.

양동규 부위원장은 1월 28일 민주노총 대의원대회에서 투쟁 계획을 통과시키는 것을 강조했다. 그리고 1월 19일 전국노동자 대회 후 사회적 대화 참여에 비판적인 민주노총 중앙집행위원 일부가 주최하는 토론회에 참가해 달라고 호소했다.

이승철 활동가는 발제를 경사노위에 천착해서 하겠다고 한 만큼 민주노총 대의원대회의 경사노위 안건 부결을 위한 대의 원·조합원 교육을 강조했다. 지역별·산업별 대의원 모임도 하 자고 했고, 이런 모임에 좌파들도 불러 달라고 호소했다. 민주 노총 대의원 설득을 위한 여러 방법들도 제안했다. 단위 사업장 들의 현안과 경사노위 쟁점이 연결돼 있음을 설득해야 한다고 주장했다.

김하영 운영위원도 현장 토론과 설득 과정의 의의를 강조했 다. "[경사노위 참가가] 단위 사업장에서 양보를 강요하는 것과 연 결돼 있음을 보여 줌으로써 기층의 투쟁 활성화에 도움을 주자 는 것이다." 또 김하영 운영위원은 투쟁의 전진을 위한 좌파의 과제로 몇 가지를 제시했다. 문재인 정부와의 협력주의에 반대 해 대안 내놓기, 일자리 방어를 위한 정부의 재정 지출 요구, 비 정규직에 대한 일관된 방어와 정규직 노동조건 방어를 결합해 단결 추구하기, 여성·성소수자·이주노동자·난민 등 차별받는 사람들과의 연대, 총선에서 좌파가 공동 선거 대안 내놓기 등.

경사노위 불참 결정을 끌어내려면

자유 토론에서는 다양한 의견들이 나왔다. 참가자들이 발언 하나하나를 주의 깊게 듣고 반응하는 모습이 인상적이었다. 인천공항 비정규직 노동자, 신학기를 앞두고 해고된 대학 강사 노동자, 이주노동자와의 연대를 고민하는 건설 노동자, 전교조 교사 노동자 등이 발언했다. 다들 민주노총 집행부의 어정쩡한 태도에 대한 불만과 답답함을 드러냈다. 좌파의 과제에 대한 고민들도 나왔다.

경사노위 참가 반대를 대중적 노동 개악 저지 투쟁으로 연결하자고 주장한 조합원들은 이를 위해 좌파들의 협력이 강화되길 바랐다. 사실 이날 토론회의 성공 자체가 그런 관심과 바람을 보여 준 것이기도 했다.

토론회 참가자들은 현장에서 경사노위 참가 반대 토론을 어떻게 조직하고 반대 의견을 확대할지 고민했다. 토론회 말미에 사회자인 김형계 노동전선 대표도 현장에서 토론을 많이 조직하는 게 필요하다며 이날 발제로 나선 활동가들도 많이 불러서 활용해 달라고 당부했다. 김하영 운영위원은 좌파 공동 입장문이 세 차례나 나왔으므로 대의원들을 만날 때 이런 문서들을 활용해 지지를 얻자고 제안했다.

한편, 민주노총 대의원대회에서 경사노위 참가 안건을 어떻게 막아 낼지는 논쟁이 됐다. 일부 활동가들은 대의원들을 설득해 대의원대회에서 경사노위 참여안을 부결시키자는 발제자의 주장이 미흡하다고 주장했다. 토론과 설득을 과제 회피인 듯 보는 일부 주장에는 [노사정위 복귀가 쟁점이 된] 2005년 대의원대회 때처럼 물리력을 써서 막아야 한다는 의견이 함축돼 있었다. 김명환 위원장 퇴진을 내걸자는 의견도 나왔다.

이에 대해서는 김하영 노동자연대 운영위원이 정리 발언에서 답했다. "민주노총 대의원대회에서 경사노위 참가를 반드시 막아야 한다. 그렇지만 경사노위 불참 자체가 목적이 아니다. 문재인의 노동 개악을 좌절시키는 것이 우리의 목적이고, 경사노위 불참 선언을 투쟁 건설로 이어 가려면 대의원들의 동의를 받아 내는 과정이 필요하다. 대의원대회에서 [경사노위 참여안] 부결을 위한 물리력 동원은 효과적이지 못할 것이다. 한 발언자 말대로 [활동가들에게] 패배주의가 있다면 물리력 동원 방식은 더 설득력을 갖지 못할 것이다. 1998년 정리해고 합의를 [민주노총 대의원대회에서] 부결시킨 것도 물리력이 아니었다. 현장 대의원들의 분노가 엄청나서 공개 거수투표로 [민주노총] 지도부 불신임안이 통과된 것이다. 그 이후 들어선 지도부가 총파업을 제대로 조직하지 않은 것이 문제였다. 지도부가 이런 일을 벌일 때 기층에서 좌파들이 투쟁을 조직해 낼 역량을 갖는 것이 진정으로 중요하다."

끝으로 양동규 부위원장은 대의원대회에서 투쟁 계획도 통과시켜야 한다고 호소했다. "노동계급 자신의 힘을 잘 알아야 한다. 박근혜 퇴진까지 이끈 힘을 신뢰해야 한다. 2018년 분출한 투쟁의 양상들을 모아 내지 못한 것을 반성하면서 … 이번 대의원대회를 힘 있게 치러야 한다. 대의원대회 사업 계획을 보면 최저임금 개악 등에 맞선 총파업과 총력 투쟁이 있는데, 대화 기조라면 이런 계획이 빠져야 맞을 텐데 들어 있다. 집행부의 처지를 보여 준다. 실질적 계획으로 만들도록 대의원대회에서 노력해야 한다."

민주노총 활동가 대회

한편 2019년 1월 19일에는 서울 용산 철도회관에서 '2019년 정세와 사회적 대화 어떻게 볼 것인가?'라는 제목으로 민주노총 활동가 토론회가 열렸다. 한 주 앞서 열린 좌파 토론회와 마찬가지로 이날 토론회에도 100여 명이 토론회장을 가득 채웠다. 토론회를 제안한 민주노총 경북·충북·충남·전북·대구 본부장도 참석했다.

임순광 비정규교수노조 위원장의 사회로 열린 이 토론회에서는 이상진 민주노총 부위원장, 김호규 금속노조 위원장, 김덕종 민주노총 제주본부장이 발표했다. 세 연사는 민주노총의 경사노위 참여에 부정적인 입장이었다. 비록 좌파 토론회의 연사들처럼 모두가 선명한 반대 입장을 밝힌 것은 아니었지만 말이다.

먼저, 민주노총 이상진 부위원장은 문재인 정부의 개혁 역주행 속에서 경사노위에 참가해서는 안 된다고 주장했다. "지금 경사노위 참여 논의는 문재인 정부의 경제·노동 정책 후퇴와 개혁 역주행 흐름 속에서 이뤄지고 있다. 최저임금 개악, 탄력근로제 확대 시도뿐 아니라 규제프리존처럼 박근혜 정권에서도 통과시키지 못한 규제 완화법, 제주 영리병원 등 역주행을 하고 있다. 지금은 불가피하게 싸워야 할 시기다."

금속노조 김호규 위원장은 조건부 불참 입장을 밝혔다. "적어도 네 가지 문제, 즉 탄력근로제 개악 철회, 최저임금제도 개악 철회, 노조법 개악 철회 및 ILO 핵심협약 비준, 노정 교섭 정례화 정도가 균형감 있게 정리되지 않으면 경사노위 참여는 부적절하다." 그러나 김 위원장은 정부와 '자동차산업 노사정 포럼'을 하기로 약속한 바가 있다며 사회적 대화는 여전히 필요하다는 입장을 밝혔다.

김덕종 민주노총 제주본부장은 선명한 반대 입장을 밝혔다. "문재인 정권이 얘기하는 노동 존중 사회의 실상이 어땠나. 촛불의 민의와 멀어져 가는 정권의 질주를 지난 한 해 동안 봤다. 노사정 대표자회의를 가동했지만 노동계의 요구는 철저히 묵살당했다. 기업 총수 만나서는 기업 활력 제고하고 규제 혁파하겠다고 한다. 이런 상황에서 경사노위, 사회적 대화는 명분 쌓기에 불과하다. 또다시 속을 것인가? 투쟁을 조직해야 할 때다."

청중 토론 시간에는 조합원, 활동가 10여 명이 활발하게 발언했다. 경사노위 조건부 참여 입장에 대한 비판도 있었고, '사회적 대화'의 문제점을 지적하는 조합원들도 있었다. 무엇보다 기층 분위기를 전하며 민주노총 대의원대회에서 경사노위 참여 안건을 부결시키고 투쟁 조직에 힘을 쏟자는 의견이 많았다.

사회를 맡은 임순광 비정규교수노조 위원장은 토론을 마치며 민주노총 대의원대회 전까지 활동가들이 각급 단위에서 이런 토론을 확산시키고 각급 노동조합에서 참여 반대 입장을 내도록 조직하자고 호소했다.

두 토론회 모두 민주노총 집행부가 추진하는 경사노위 참가안이 기층에서 만만찮은 저항에 부딪히고 있다는 점을 보여 줬다. 1월 13일 토론회 직후 민주노총 좌파는 경사노위 참가 반대 서명 운동을 벌여 조합원 3028명(대의원 160명, 현장간부 783명 포함)의 지지를 얻었다.[*]

---

[*] 좌파 공동성명: 민주노총은 경사노위 불참과 대정부 투쟁을 결의해야 한다 (2019년 1월 17일).

문재인 면담, 경사노위 참여파에 힘이 되지 못하다

2019년 1월 25일 민주노총 김명환 위원장이 문재인 대통령과 만난 것은 완전히 헛걸음이었다.

이날 양대 노총 위원장과 문재인의 만남은 전날 청와대가 제안해 이뤄졌다. 3일 후에 열리는 민주노총 대의원대회에서 경사노위 참여 여부가 결정된다는 것을 염두에 둔 제안이었을 것이다. 문재인 정부는 조합원 분위기가 경사노위 참여에 부정적으로 바뀌는 상황에서 김명환 위원장의 위상을 높여 힘을 실어 주려고 한 듯하다. 문재인은 민주노총이 경사노위에 참여해야 한다고 적극 요구했다.

출처: 김문성, 〈노동자 연대〉 274호(2019-01-25).

그러나 결과 발표를 보면, 면담이 그런 효과를 거두기는 어려울 듯하다. 김명환 위원장은 이날 면담 자리에서 민주노총 산별 대표자 회의를 통해 정리한 요구들을 제시했다. 그렇지만 문재인 대통령은 그런 요구들을 대부분 거절하거나 회피했다.

우선, 최저임금 결정 구조 개악 중단은 아예 거절했다. 정기적 노정 협의도 경사노위의 정상 가동 없이 의미 없다고 사실상 거절했다. 탄력근로제에 관해서는 경사노위 합의를 강조했다. 제주 영리병원 취소는 딱 부러지게 답을 하지 않았다. 또, 김용균 씨 사망 문제 해결에 대해서는 어떤 구체적 확답도 없이 유가족을 만나겠다고만 했다. 그러나 정부의 해결책 제시 없는 만남은 유가족이 진작에 거절했다. 전교조 법외노조 통보 철회 등은 ILO 협약 국회 비준 뒤로 미뤘는데, 정작 협약 비준은 경사노위에서 합의해 국회로 넘기자고 답했다.

결국 경사노위에 들어오라는 것 말고 문재인의 말엔 알맹이가 전혀 없었다. 전형적 "답정녀" 대화였던 것이다. 대부분 개악 저지나 박근혜 탄압의 원상 회복 등 비공세적 요구들인데도 이렇게 나온 것이다.

문재인은 민주노총이 경사노위에 들어오면 자신이 직접 회의에 참여하겠다고도 했다. 그렇지만 그것이 무슨 소용인가? 이것이 그 절박한 요구들에 대한 답인가? 문재인의 경사노위 참여 촉구는 노동자들의 조건 개선을 위해서가 아니다. 문재인은 이렇게 말했다. "최저임금, 노동시간, 노동안전 등에서 노동권의 개선[을] … 정부가 일방적으로 추진할 수는 없다. 국민들이 바라는 건 사회적 대화를 통해 사회적 합의를 이뤄 노동권 개선이 이뤄져야 한다는 것이다."

이는 노동자를 우롱하는 답변이다. 첫째, 친기업 정책들은 정부가 일방적으로 추진하고 있다. 최저임금 개악, 근로기준법 개악, 규제 완화 등. 문재인은 2019년 경제정책을 발표하는 자리에서 장관들을 이렇게 채근했다. "정부는 기다리지 말고 먼저 찾아 나서서 기업 투자의 걸림돌을 해소해 주어야 한다. 포괄적인 규제 혁신뿐 아니라 투자 건별, 제품별 투자 애로에도 관심을 기울여야 한다."

둘째, 이미 경사노위는 개악의 방향을 정해 놓고 논의를 시작했다. 청와대가 직접 경사노위 1호 안건으로 탄력근로제 확대 개악을 내놓고 우파 야당들과 2월 국회 처리를 합의한 상태다. 경사노위 노사관계제도·관행개선위원회는 면담이 열린 바로 이날 '파업 불참 노동자에게 파업 참가를 종용하고, 산별 교섭을 위해 사용자에게 사용자단체에 가맹하라고 노조가 요구하는 것' 등을 모두 부당노동행위로 취급하는 공익위원 안을 내놓았다. 발상 자체가 거의 군사독재 시절의 노사관계 수준이다.

면담 자리에서 문재인 대통령은 "국민들의 바람은 정부가 정책기조를 일방적으로 끌고 가지 말고 다양한 경제주체들의 의견을 경청하라는 것"이라고 말했다. 이 말이 뜻하는 바는 노동계가 이런 얼토당토않은 안들과 주고받기 타협을 해야 한다는 것이다.

경총 회장 손경식이 정부에게 사용자 대항권 도입을 촉구한 지 5일 만에 이런 안(노사관계제도·관행개선위원회 공익위원안)이 나왔다. "더 이상 노조의 주장만을 수용해서는 안 된다. … 대통령을 만날 기회가 있을 때마다 경제계의 어려움을 충분히 호소했다. … 정부가 실제로 어떻게 정책에 반영할지를 기다리고 있다."

문재인이 이런 경영자들에게 사회적 약자가 아니니 양보할 줄도 알아야 한다고, 노동자들 너무 쥐어짜지 말고 노사관계의 어려움은 경사노위에 들어와서 사회적 타협으로 해결하자고 말한 적이 있던가? 양보와 자제, 투쟁보다 대화는 오로지 노동자들에게만 강요되고 있다. 오늘 면담이 그 축약판이었다.

이날의 소득 없는 면담은 문재인 정부 아래에서 사회적 대화(경사노위)가 친노동 진보 개혁을 위한 통로가 될 수 없음을 분명히 보여 줬다. 그것은 경제 위기 시대에 노동자들의 조건을 지키는 데 걸림돌이 될 뿐이다. 단결한 대중투쟁으로만 그 걸림돌을 제거할 수 있다. 바로 이것이 2019년 1월 28일 민주노총 대의원대회에서 결정돼야 한다.

민주노총의 경사노위 참여,
최종 무산되다

2019년 1월 28일 민주노총 대의원대회에서 경사노위 참여가 또다시 무산됐다. 김명환 집행부는 "(경사노위 참여 외에) 플랜 B는 없다"며 강한 의지를 표명했지만, 뜻을 관철하지 못했다. 2018년 10월 정책대의원대회 유회에 이어 두 번째다.

이번 결과는 무엇보다 문재인 정부의 우경화와 반노동 공세 속에 노동자들의 불만이 커져 온 것이 반영된 것이다. 최저임금 개악, 탄력근로제 확대 개악, 노동기본권 후퇴, 민영화와 규제 완화, 광주형 일자리 추진 등 친기업 정책은 많은 노동자들의 분노를 샀다. 고 김용균 씨의 비극적 죽음을 부른 공공부문

출처: 박설·이현주, 〈노동자 연대〉 274호(2019-01-30).

비정규직 문제도 제대로 해결되지 않아 대중적 공분을 키웠다.

1월 25일 경사노위 산하 노사관계제도·관행개선위원회에 제출된 공익위원 안은 이런 불만을 증폭시켰다. 사용자들이 줄곧 요구해 온 대체근로 허용, 유니온숍 폐지, 노조 측의 부당노동행위 신설, 사업장 내 쟁의 규제 등으로 파업권을 크게 제약하고 노조를 약화시킬 개악안을 내놨기 때문이다. 민주노총이 대의원대회에서 경사노위 참여 건을 다루던 바로 그날, 이 개악안에 반발해 한국노총조차 경사노위 참가를 잠정 중단한다고 선언했다.

민주노총 조합원들 사이에서 '지금은 대화가 아니라 개악을 막기 위해 싸워야 할 때'라는 주장이 빠르게 확산됐다. 좌파 활동가들이 이런 흐름을 주도했다. 1월 28일 민주노총 대의원대회 장소는 대회가 시작되기 전부터 경사노위 불참과 대정부 투쟁을 촉구하는 목소리로 뜨겁게 달궈졌다. 노동자연대, 노동전선, 노동당, 사회변혁노동자당, 공공운수현장활동가회의, 금속활동가모임, 실천하는공무원현장조직 등 좌파들은 공동 주최로 집회를 열었다.

집회의 첫 발언에서 김형계 노동전선 대표는 "경사노위는 자본과 정권이 친 덫에 불과하다"고 규탄했다. "문재인은 기업 성장, 노조 파괴, 자본의 자유를 무한으로 열어 주는 정책을 밀어붙이고 있다. 경사노위에 참여하게 되면 경사노위만 바라보다가 오히려 노동 악법을 막을 수 없는 조건에 처할 수밖에 없다. 오늘 대의원대회를 경사노위 불참하고 투쟁을 결의하는 자리로 만들자!" 김진 전교조 조합원, 김어진 한국비정규교수노조 조합원, 이승수 공무원노조 조합원 등 현장 활동가들도 "경사노위에 들어가면 양보만 강요받게 될 것"이라며 투쟁에 힘을 쏟자고 주장했다.

이 좌파 단체들은 2018년 하반기부터 공동 성명을 발표하며 경사노위 불참과 대정부 투쟁을 선명하게 주장해 왔다. 1월 13일에는 민주노총 대회의실에서 110명 규모의 토론회를 성공적으로 개최해 상당한 주목을 끌었다. 곧이어 기층에서 연서명을 조직해 민주노총 조합원 3000여 명(대의원 160명, 현장간부 783명 포함)의 동참을 끌어내는 등 경사노위 불참 운동을 전개했다. 이날 대의원대회에서도 좌파들은 경사노위 불참안을 수정안으로 발의(대의원 181명 발의)하며 토론을 선제했다.

참여 대 불참 뜨거운 논쟁

대회사에서 김명환 위원장은 "제가 사회적 대화에 참여하자고 하는 것은 문재인 정부에 환상이 있어서도 아니고, 타협하고 양보하기 위해서도 아니고, 개혁 과제를 관철하기 위한 것"이라며 경사노위 참여를 결정하자고 호소했다.

그러나 여러 대의원들은 경사노위가 개혁의 통로가 될 수 없고, 오히려 개악을 정당화하고 양보를 압박받는 자리가 될 것이라고 주장했다. 본격적 안건 토론에 앞서 진행된 질의응답에서도 날카롭고 비판적인 질문들이 쏟아졌다.

먼저 경사노위의 의결 구조에 관한 문제가 제기됐다. 김명환 집행부는 경사노위가 이전의 노사정위와 달리 합의기구가 아니라 협의기구일 뿐이고, 민주노총이 동의해 주지 않으면 개악을 합의하지 못한다고 강조했다. 그러나 금속노조·공공운수노조 소속의 여러 대의원들은 경사노위가 단순 협의기구가 아니라 의결 구조를 가지고 있고, 그 규정상 민주노총이 불참하거나 동의해 주지 않아도 개악을 합의할 수 있다고 조목조목 따졌다.

김명환 집행부가 사회적 대화의 전제조건으로 스스로 제시한 요구들이 계속 무시되는 상황에서도 경사노위 참여에 매달리고 있다는 비판도 이어졌다. "2018년 5월 22일 노사정 대표자회의를 탈퇴할 때 최저임금 삭감법 폐기를 요구했다. 8월에 노사정 대표자회의 복귀할 때는 정부의 '신뢰 회복 조치'를 요구했다. 과연 그런 조처가 있었는가? 집행부는 경사노위에 참여하자고 하면서 이런 요구들이 이행됐는지에 대한 평가를 전혀 내놓지 않고 있다"(전교조 소속 서지애 대의원).

경사노위 산하 노사관계제도·관행개선위원회에 대한 문제

제기도 이어졌다. 이 위원회는 민주노총이 요구해서 만들어진 만큼 대표적인 개혁의 통로가 될 수 있을 것이라고 김명환 집행부는 말해 왔다. 그러나 지금 바로 그곳에서 개악이 논의되고 있다. "[노사관계제도·관행개선위원회가] 쟁의 금지(규제)를 얘기하는 등 노동3권을 전면 부정하고 [있다.] 이런 상황에서도 경사노위 참여를 논의해야 하는가?"(교육공무직본부 소속 김진국 대의원)

질의응답이 종료되자마자 김현옥 대의원이 수정안(이하 '좌파 수정안')을 발의했다. 좌파들이 공동으로 추진해 대의원 181명이 발의한 이 수정안은 경사노위 불참과 대정부 투쟁 방침을 선명하게 제시했다. 그런데 의장인 김명환 위원장은 좌파 수정안이 부담스러웠던지 '원안 반대에 해당하므로 수정안이 될 수 없다'고 안의 상정을 거부하려 했다. 그러나 대의원들은 회의 규정에도 없는 '의장 권한'을 인정하지 않았다. 특히 대의원 181명이 공동 발의하고, 조합원 3000여 명이 연서명에 동참했다는 점에서 수정안 묵살은 지지받기 어려웠다.

수정안은 이 외에도 두 개가 더 나왔다. 둘째 수정안은 금속노조 중앙집행위원회가 발의한 것(이하 '금속 수정안')으로, 조건부 참여가 그 내용이었다. 즉, 정부가 탄력근로제·최저임금·노조법 개악 철회와 노정 교섭 정례화 등 신뢰 회복 조처를 우선 내놔야 경사노위에 참여할 수 있다는 것이다.

셋째 수정안은 서비스연맹·보건의료노조 등 산별노조 대표자 8인이 발의한 안(이하 '8인 수정안')으로, 경사노위에 적극 참여하자는 집행부를 지지하는 입장이었다. 다만, '개악 강행 시 탈퇴'를 포함시켰다. 아무 단서도 없이 경사노위에 참여하자는 원안이 부결될 수 있다고 우려해 제출된 것이다.

맨 먼저 좌파 수정안(경사노위 불참안)이 상정돼 다뤄졌다. 수정안 제안자들이 원안에서 가장 먼 안부터 토론·표결한다는 회의 규정 적용을 요구한 덕분에 이 수정안이 맨 처음 다뤄지면서 논의를 선도할 수 있었다.

대표 발의한 김현옥 대의원이 수정안 취지를 설명했다. "경사노위는 노동자 양보 압박 수단임이 분명해지고 있다. 청와대가 직접 경사노위 1호 안건으로 탄력근로제 확대 개악을 내놓고, 우파 야당들과 2월 국회 처리를 합의한 상황이다. … 임금, 노동시간, 노사관계 등 경사노위의 의제들은 민주노총 조합원뿐 아니라 전체 노동자들에게 영향을 미치는 아주 중요한 사안들이다. 이런 개악이 추진되고 민주노총이 이를 정당화해 주는 구실을 한다면 광범한 미조직 노동자들로부터 실망이 얼마나 커지겠나? 민주노총이 양보를 단호히 거부하고 싸워 전체 노동자를 위한 책무를 다해야 한다."

이어진 찬반 토론에서도 좌파 활동가들은 문재인 정부의 본질을 들춰내며 투쟁의 필요성을 힘줘 말했다. 손덕헌 대의원은

"'노동 존중'은커녕 노동 탄압과 규제 완화를 추진하는 문재인 정부를 믿지 말고 투쟁하자"며 수정안 지지를 호소했다. 김수억 대의원은 "과연 문재인이 노동자들을 위해서 경사노위에 들어오라고 하는 것이냐"고 반문하면서 말문을 열었다. "경사노위는 촛불 항쟁의 역행과 민주노총에 대한 약속 파기와 굴욕적인 노동자 (희생) 강요 속에 서 있다. … 민주노총은 총파업과 투쟁으로 노동 악법 막아 냈고, 박근혜 정권을 퇴진시켰다. 노동조합에 굴욕적으로 강요하는 경사노위 참여 말고 민주노총답게 투쟁하자."

좌파 수정안은 재석 958명 중 331명의 지지를 받았다. 비록 부결됐지만, 선명한 좌파적 입장이 34.5퍼센트 찬성이라는 의미 있는 지지를 얻은 것이다.

이어 다뤄진 금속 수정안(조건부 참여안)은 재석 936명 중 362명(38.6퍼센트)이 지지했다. 지난 1년 동안에도 이러저러한 조건을 전제로 노사정 대표자회의 참여, 탈퇴, 복귀가 있었기 때문에 사실 조건부 참여안은 전혀 새로운 제안이 아니었다. 그런 점에서 집행부 안에 대한 효과적 대안이 되기 어려운 한계가 있었다. 그럼에도 발의자들이 이 수정안을 처음 공개했을 때보다 현 상황에서의 경사노위 참여를 좀 더 선명하게 반대하고 투쟁을 강조하는 방향으로 내용을 보완하면서, 경사노위 참여에 반대하는 대의원들 상당수의 지지를 얻었다.

경사노위 참여 무산과 남은 과제

우선 다뤄진 수정안 두 개가 부결된 뒤 이제 사실상 집행부를 지지하는 안이 남았다. 긴장감이 고조된 가운데 8인 수정안에 대한 찬반 토론이 시작됐다.

건설연맹, 보건의료노조, 서비스연맹 위원장이 줄줄이 나와 8인 수정안 지지를 호소했다. 이들은 "문재인 정부가 우경화했다는 데 동의한다"면서도, 경사노위에 참여해 그 안에서 개혁을 추진해야 한다고 주장했다. 그러다가 개악이 강행되면 "다시 나오면 된다"고도 했다.

반대 발언에 나선 이성우 대의원은 그런 주장의 허점을 파고들어 통렬히 비판했다. "수정안은 정부가 개악을 강행하면 경사노위를 즉각 탈퇴한다고 한다. 그러나 탄력근로제 확대는 이미 청와대가 4당 대표들을 불러서 2월에 강행하겠다고 공언한 것 아닌가? 2월에 강행 통과될 것을 뻔히 다 알면서, 그때 가서 탈퇴하겠다고 하는 게 말이 되는가? 지금부터 투쟁을 조직해도 [부족한 판이다.] 그런 주장은 대중을 현혹하고 기만하는 것이다."

표결에 앞서 김명환 위원장은 8인 수정안에 힘을 싣는 발언을 거듭했다. "원안을 더 이상 주장하지 않겠다 … 동지들의 결의가 있다면, 저는 [8인 수정안] 결의를 수행해 나가겠다." 그런데도 8인 수정안은 재석 912명 중 과반에 훨씬 못 미치는 402명

(44퍼센트)의 지지만 받았다. 사실상 집행부가 지지한 경사노위 참여안이 부결된 것이다.

8인 수정안이 부결된 뒤, 몇몇 대의원들이 앞선 위원장 발언을 상기시키며 예리하게 주장했다. "표결 직전에 의장이 원안을 (고집하지 않고) 포기하겠다고 했다." 8인 수정안을 통과시키고자 편파적으로 회의를 진행해 놓고, 8인 수정안이 통과되지 않자 이제 와서 원안 포기 발언을 은근슬쩍 없었던 셈 치려던 것에 제동을 건 것이다.

김명환 위원장은 정회 끝에 8인 수정안이 사실상 집행부 안임을 인정하고, 원안을 철회했다. 이로써 민주노총의 경사노위 참여는 완전히 무산됐다. 경사노위 불참이 결정된 셈이다.

민주노총은 '정기대의원대회 결과 보도자료'에서 "경사노위 참여에 대한 대의원의 의지는 확인했으나 아쉽게도 결정하지 못했다"고 했다. 그렇지만 민주노총 대의원대회에서 확인된 대의원들의 의지는 결코 경사노위 참여가 아니었다. 사실상 집행부 안이었던 8인 수정안이 44퍼센트의 지지밖에 얻지 못한 것이 이를 분명히 보여 준다. 집행부 원안을 표결에 부쳤어도 결과는 다르지 않았을 것이다.

김명환 위원장은 대회를 마무리하며 경사노위 참여가 결정되지 못한 만큼 "사업 계획을 수정해 제출하겠다"고 약속했다. 이제 민주노총은 경사노위 불참 기조 위에서 당면한 2월 국회에서

의 개악 저지와 김용균 문제 해결을 위한 투쟁에 전력을 다해야
한다. 그것이 대의원대회 결정을 실천적으로 이행하는 길이다.

2019년 민주노총 정기대의원대회에 제출된
경사노위 방침에 대한 수정안(불참안)

(1) 문재인 정부는 경제 위기와 고용 악화를 배경으로 친자
본 입장을 노골화하고 있다. 이런 상황에서 경제사회노동위원
회는 노동자들에게 양보를 압박하는 수단이 되고 있다. 자본의
요구인 탄력근로제 확대 개악이 경사노위의 첫 의제가 된 것이
나 사용자 대항권이 논의되고 있는 것은 이를 잘 보여 준다.

(2) 민주노총은 노사정 대표자회의 복귀와 함께 문재인 정
부에 신뢰 회복 조치를 요구했지만, 정부는 연속적인 노동 개악
으로 답했을 뿐이다. 탄력근로제 확대는 물론 노동법 개악마저
예고되고 있다. 민주노총은 이런 상황을 신뢰 회복 불가로 규정
해 경사노위 불참을 결정하고, 최저임금 개악 철회, 탄력근로제
확대 저지, 사용자 대항권 철회와 ILO 핵심협약 비준 등을 위
해 대정부 투쟁에 나선다.

(3) 가맹·산하조직은 민주노총의 경사노위 불참 방침에 따
라 경사노위 산하 위원회에 개별적으로 참여하지 않는다.

수정안 발의자
김현옥, 손덕헌 외 179명

민주노총 경사노위 참여 무산 —
의미와 과제

2019년 1월 28일 민주노총 대의원대회에서 경사노위 참여가 무산됐다. 2018년 10월 17일 경사노위 안건이 상정된 정책대의원대회가 유회된 데 이어 이번에도 김명환 집행부의 경사노위 참여안이 지지받지 못해, 결국 민주노총은 경사노위에 불참하게 됐다.

이번 대의원대회에는 수정안이 3개 제출됐다. 좌파들의 '불참안'은 무려 181명의 대의원 발의로 추진됐고 대의원대회 현장 토론을 선제했다. '불참과 대정부 투쟁'이라는 이 급진적인 안이 34.5퍼센트(331명)나 되는 대의원들의 지지를 얻었다. 문재인 정

출처: 김하영, 〈노동자 연대〉 274호(2019-01-29).

부의 노동정책과 경사노위에 대한 조합원들의 불신이 매우 크다는 것을 보여 준 것이다.

금속노조 중앙집행위원회의 '조건부 참여안'은 38.6퍼센트 (362명)의 지지를 받았다.

산별 대표자 8인의 '선先참여, 개악 시 탈퇴안'은 사실상 김명환 집행부의 입장을 지지하는 안으로, 집행부의 아무 단서 없는 '참여안'이 부결될 것을 우려해 제출된 수정안이었다. 그래서 김명환 위원장은 "원안을 고집하지 않고 이 수정안을 지지하겠다"고 했다. 그러나 산별 대표자 8인 수정안은 이처럼 집행부 원안을 포함하는 것이었는데도 44퍼센트(402명)의 지지밖에 얻지 못해 부결됐다.

김명환 위원장은 이 표결을 당연히 원안 부결로 인정하고, 마침내 경사노위 참여안을 철회하겠다고 밝혔다.

민주노총 대의원대회에서 경사노위 참여가 무산된 것은 무엇보다 문재인 정부의 우경화에 대한 노동자들의 반감이 급속히 증대한 결과다. 이와 관련해, 이번 대의원대회가 한국노총이 경사노위 참여 중단을 경고한 상황에서 열렸다는 것은 시사하는 바가 컸다. 한국노총은 경사노위 노사관계제도·관행개선위원회 논의가 "사용자 편향"으로 흐르고 있고, 경사노위가 "노동기본권 개악"을 시도하고 있다고 비판했다.

민주노총 대의원들도 노동기본권 개악 시도를 대회에서 성토

했다. 최저임금이 거듭 개악됐고, 공공부문 정규직화 정책이 누더기가 됐고, 탄력근로제 확대 개악이 임박해 있다는 점도 공분의 대상이었다. 문재인 대통령은 며칠 전 김명환 위원장과의 만남에서 민주노총의 요구를 죄다 무시한 채 경사노위 참여만 강조했다. 이런 상황에서 많은 대의원들은 경사노위가 노동자 양보를 강요하는 정부 정책 추진 수단이 될 거라고 정당하게 우려했다.

민주노총 대의원대회에서 경사노위 참여가 무산되고 불참이 사실상 결정된 데에는 좌파들의 불참 운동이 기여한 바가 매우 컸다. 노동자연대, 노동전선, 노동당, 사회변혁노동자당, 금속활동가모임, 공공운수현장활동가회의, 실천하는공무원현장조직 등 좌파들은 수개월 전부터 '경사노위 불참과 대정부 투쟁' 서명운동, 토론회, 집회 홍보, 수정안 발의 등의 활동을 통해 불참 운동의 초점을 제공했다. 3차 성명에는 단 며칠 만에 3028명의 조합원(대의원 160명, 현장간부 783명 포함)이 서명에 동참했다. 모호하고 자신감 없던 사람들도 시간이 지날수록 선명한 불참과 투쟁 의견 쪽으로 기울었다. 노동자들의 투지가 다시 고양되기 시작하는 지금 같은 상황에서 좌파들이 상당한 구실을 할 수 있음을 보여 준 것이다.

이제 민주노총은 경사노위 불참 기조 위에서 투쟁에 전념하는 방침을 분명하게 확립해야 한다. 그것이 이번 대의원대회 결과에 부응하는 길이다. 당장 탄력근로제 확대와 노동기본권 개악 등을 저지하고 김용균 문제 해결을 위한 투쟁에 돌입해야 한다. 그래야 대화를 거부했다는 우파와 정부의 비난을 맞받아 치고 힘을 보여 줌으로써 문재인 개혁 후퇴에 실망한 노동자와 청년의 지지를 받을 수 있다.

이번 대의원대회에서 경사노위 불참이 사실상 결정돼 조합원들의 사기가 많이 오를 것이다. 민주노총은 이런 기회를 잘 살려 나아가야 한다. 좌파들은 이번 불참 운동의 성과를 잘 살려서 투쟁이 확대될 수 있도록 최선의 노력을 기울여야 한다.

경사노위 불참 입장이 재확인되다

민주노총이 2019년 4월 4일 임시대의원대회에서 노동 개악 저지 총력 투쟁을 결정했다. 경사노위 참여는 재론되지 않았다.

경기도 고양시 킨텍스에서 열린 이 대회에서 4월 노동 개악 저지 총력 투쟁, 노동기본권 쟁취 투쟁(ILO 협약 비준) 등을 담은 2019년 사업 계획(과 예산안), 총력 투쟁 결의문 등이 만장일치로 통과됐다. 탄력근로제 기간 확대 개악, 최저임금 추가 개악, 파업권 약화를 담은 노조법 개악에 맞서 총력 투쟁을 하겠다는 것이다.

안건 토론에서는 금속노조와 공공운수노조가 각각 투쟁 계획을 좀 더 보강하자는 의견만이 나왔고, 사업 계획에 추가됐

출처: 김문성, 〈노동자 연대〉 281호(2019-04-04).

다. 항간에 돌던 경사노위 참여 재론 수정안은 나오지 않았다. 두 달여 전인 1월 28일 정기대의원대회에서 경사노위 참여파와 반대파가 정세와 투쟁 전망을 놓고 치열하게 논쟁하던 것과는 사뭇 다른 분위기였다.

이처럼 분위기가 달라진 것은 정기대의원대회 이후 문재인 정부와 여야 모두가 각종 노동 개악을 적극적으로 추진하고 있기 때문이다. 게다가 경사노위는 탄력근로제와 노조법 등에서 개악안의 산실이 되고 있다. 문재인 대통령이 직접 탄력근로제 기간 확대 개악을 채근했고, 민주당이 개악의 선봉에 서 있다. 이 시도가 일단 멈춘 것은 자유한국당이 정부안보다 더한 개악안을 고수하고 있기 때문이다.

탄력근로제 개악안이 2019년 4월 5일 국회 본회의에서 처리될 가능성이 없어진 4월 3일 오후까지도 민주노총이 국회 앞에서 물리적 투쟁을 벌여야 했던 까닭이다.

이처럼 경사노위 참여와 노동 개악 저지 투쟁을 병행한다는 것이 현실에서는 모순되는 것임이 1월 28일 대대 이후 갈수록 확인돼 왔다. 결국 2018년 말부터 좌파가 주장한 게 완전히 옳았음이 현실과 실천 속에서 입증된 것이다.

경사노위 참여를 추진했던 김명환 민주노총 위원장도 이날 대의원대회에서는 이렇게 말했다. "4월 임시국회에선 더욱 악화된 내용으로 추진될 가능성이 있다. … 지금은 경사노위 재논의

보다는 투쟁 결의가 필요하다고 본다." 노동 개악이 강력히 추진되고 경사노위가 그것의 들러리임이 조합원 다수의 눈에 명백하게 드러난 상황에서 경사노위 참여 재론을 '지금' 하기는 어려웠던 것 같다.

그러나 경사노위 재논의 여지가 사라진 것은 아니다. 이날 확정된 사업 계획의 설명에는 '사회보험' 문제 등에서는 노사정 교섭을 추진할 필요가 있다는 언급이 나왔다. 2019년 민주노총의 하반기 중점 사업은 사회 대개혁 투쟁인데, 사회적 약자 보호를 위한 사회적 대화에는 참여·개입해야 하므로 사회적 대화와 투쟁을 병행한다는 식으로 경사노위 참여론이 재론될 여지가 있다.

그러나 정부와 주류 정당들의 압도적 관심사는 노동 개악의 관철에 있다. 갈수록 악화되는 경제지표들 때문에 사용자들도 단결하고 있다. 이들에게 잘 보이려 노동 개악에 앞장선 민주당이 자유한국당의 압박을 그저 무시할 리도 없다.

그러나 반대편 그림도 봐야 한다. 3년 사이 민주노총 조합원이 증가해 "100만 민주노총 시대를 열었다"고 선언한 것에서도 현장 분위기가 달라졌다는 점이 드러난다. 젊은 조합원, 비정규직 조합원이 늘었고 투쟁도 늘었다. 특히 문재인의 "노동 존중" 약속 배신에 대한 항의가 늘고 있다. 2019년 4·3 재선거 결과는 대중이 '배신자' 민주당에게서 돌아서고 있음을 보여 준다.

지배계급은 다른 쟁점들에서는 분열해 있다.

민주노총은 노동 존중 약속을 배신하고 노동 개악을 강행하는 문재인 정부 비판을 삼가지 않아야 투쟁에 대한 지지와 동력을 더 잘 모아 낼 수 있다. "민주노총이 변화의 잠재력을 믿으며 관성을 극복하고 대담한 투쟁에 나선다면, 노동 개악에 제동을 걸 수 있다." 이날 좌파 노동단체들은 이런 주장이 담긴 성명서(민주노총 대의원 136명, 현장 활동가 711명이 연서명해 발표)를 배포하며 투쟁 결의를 호소했다.

민주노총 임시대의원대회가 대화보다 투쟁에 방점을 찍는 결의를 한 것은 좋은 일이다. 이 결의가 계속 빛을 발하려면 주력 노조인 금속, 공공 등에서 현재보다 더 대담한 수준으로 조합원들을 동원하는 투쟁이 조직돼야 한다.

(3) 사회적 대화에 대한 미련이 계속되다

(2019년 5월부터 현재까지)

끈질긴 사회적 대화 활용론

노동운동 안팎에는 사회적 대화를 포기할 때가 아니라는 주장이 여전히 적잖다.

일부 사람들은 경사노위 파행 원인을 분석해 사회적 대화 기구를 재편하고 제대로 작동하게 만들어야 한다고 주장한다. 그러나 노사정위와는 다르다던 경사노위가 마찬가지 결과를 낸 것을 보면 사회적 대화 기구를 개편하는 게 문제의 해결책이 될 수 없음을 알 수 있다. 경제 위기 시기에 체결된 국내외 사회적 합의가 예외 없이 노동계급의 조건 악화로 끝난 것은 결코 우연이 아니다.

따라서 경사노위를 손봐서 재활용하자는 것은, 본색이 드러

출처: 이정원, 〈노동자 연대〉 281호(2019-04-04)에서 발췌.

나 위상이 실추된 경사노위에 새 숨을 불어넣자는 것에 불과하다. 개악 기구를 소생시키려는 시도는 단결을 해치고 갈등을 키울 뿐이다.

또, 지역이나 업종, 국회 중심의 사회적 대화 등 다양한 사회적 대화의 활성화가 대안으로 제시되기도 한다. 그러나 이런 사회적 대화도 그 목적과 효과가 다르지 않다는 것을 최근 사례에서 확인할 수 있다. 지역 차원의 사회적 대화 모델이라는 광주형 일자리 합의는 결국 반값 일자리로 귀결됐다. 카풀-택시 갈등 해결을 위한 사회적 대화의 합의 사항인 택시월급제는 국회에서 누더기가 됐다.

이런 문제점을 인정하면서도, 노동운동이 개악을 막을 투쟁 실력이 없으니 사회적 대화에 참가해 피해를 최소화해야 한다고 생각하는 사람들도 있다. 민주노총이 경사노위에 불참했지만 노동 개악은 추진되고 있지 않느냐면서 말이다.

물론 민주노총이 경사노위에 불참한다고 해서 정부가 노동 개악을 멈추지는 않을 것이다. 이 점은 누구나 안다. 그래서 경사노위 불참 결정과 함께 노동 개악을 막기 위한 투쟁을 건설하는 것이 중요했던 것이다. 그러나 안타깝게도 노동조합 상층 지도자들은 진지하게 투쟁 조직에 나서지 않았다. 민주노총 중앙집행위원회는 2019년 1월 하순 민주노총 대의원대회 이후 그 결과 해석을 둘러싼 논란으로 한 달 가까이를 까먹었다. 그사이 노동 개악은 성큼 목전에 다가왔다.

민주노총이 싸울 힘이 없는 게 아니다. 민주노총은 노동 개악 반대 투쟁과 박근혜 퇴진 투쟁을 벌였던 2016년부터 성장세에 들어서 조합원이 100만 명을 넘어섰다. 2018년 급증한 노동자 시위와 파업 건수는 노동운동의 활력이 되살아나고 있음을 보여 줬다. 노동조합 지도자들이 이런 잠재력을 바탕으로 단호하게 투쟁을 조직한다면 노동 개악 저지는 결코 불가능하지 않다. 이런 저항에 나설 때 미조직 노동자와 청년의 조건도 지킬 수 있다.

이런 잠재력을 구현하려면 좌파 활동가들의 구실이 중요하다. 자기 노조와 직접 관련된 문제가 아니면 무관심한 부문주의, 정당과 선거를 통해서만 정책을 바꿀 수 있다고 보는 노조 지도자들의 개혁주의를 극복할 대안을 제시해야 한다. 각각 벌어지는 투쟁들을 연결해 연대를 건설해야 하고, 문재인 정부에 반대하는 일반화된 투쟁이 되도록 노력해야 한다.

경사노위 말고 새로운 사회적 대화?

김명환 민주노총 집행부는 2019년 5월 24일 중앙위원회에 "교섭전략특위 설치 안"을 제출할 예정이었다. 이것을 둘러싸고 1주일 전인 5월 16일 중앙집행위원회에서 상당한 문제 제기와 우려가 있었음에도 김명환 위원장은 본인이 특위 위원장을 맡는 교섭전략특위 설치 안건을 결국 중앙위에 제출하려 했던 것이다.

이 교섭전략특위는 노정, 노사정 및 대국회 교섭틀을 추진하고 그것을 지원하기 위한 기구다. 이런 특별 기구를 만들고 심지어 김명환 위원장이 직접 지휘한다는 것은 민주노총이 교섭 추진에 확고한 무게중심을 신겠다는 뜻이다. 참여가 가로막힌

출처: 김하영, 〈노동자 연대〉 287호(2019-05-21), 288호(2019-05-25)에서 발췌.

경사노위를 우회해 "새로운 경로의 사회적 대화"를 추진하려는 것이다.

그러나 회의 직전 김명환 위원장이 안건 상정을 철회하면서, 교섭전략특위를 추진하지 않기로 했다. 김명환 위원장은 중앙위원회 회의 인사말에서 이렇게 밝혔다. "교섭전략특위 위상과 운영, 정세적 판단에 관해 이견들이 있었다. … 교섭전략특위 안건을 취소하겠다."

김명환 위원장이 안건 상정을 철회한 것은 잘한 일이다. 김 위원장이 1주일 만에 입장을 바꾼 것은 교섭전략특위 설치에 대한 반대가 급속히 확산됐기 때문이다.

여러 좌파 정치단체와 노조 활동가 조직이 교섭전략특위 설치에 반대하는 공동 입장을 냈다. 이들은 민주노총 집행부가 "경사노위를 우회해 새로운 경로의 사회적 대화를 추진"하려는 것에 반대하고, "교섭틀 추진이 아니라 총파업 실질화에 힘을 쏟아야 한다"고 촉구했다.* 이들은 지난 정기대의원대회를 앞두고도 경사노위 참여 반대 운동을 주도한 바 있다.

문재인 정부가 ILO 비준-입법 동시 추진 입장을 발표한 것도 민주노총 조합원들의 불만을 자극했다. 김명환 집행부는 정부

---

* 좌파 공동성명: 교섭틀 추진이 아니라 총파업 실질화에 힘을 쏟아야 한다 (2019년 5월 21일).

입장을 "긍정적으로 평가한다"는 성명을 냈고, 〈한겨레〉와 〈경향신문〉 등은 이를 매우 우호적으로 보도했다. 그렇지만 이와 사뭇 다르게 민주노총 가맹 산하조직들에서는 문재인 정부가 노동법 개악을 예고한 것이라는 규탄이 상당히 터져 나왔다.

조합원 정서

김명환 집행부는 지금이 "새로운 사회적 대화" 추진 의제를 다시 꺼내 놓기에 좋은 때라고 봤던 듯하다. 국회 마비로 노동 개악이 중단된 듯하고 패스트트랙(신속처리안건) 지정 이후 정부·여당이 우파에 진지하게 맞서는 듯하다고 일면적으로 보면서 말이다.

그러나 문재인 정부의 노동 개악 의지는 조금도 변하지 않았다. 노동 개악은 국회 마비로 일시 지연되고 있을 뿐, 결코 물 건너가지 않았다. 최근 정부·여당이 자유한국당과 첨예한 갈등을 빚고 있다 해서 그들이 진보 쪽으로 이동하고 있다거나, 노동에 대한 태도가 변하고 있다고 생각한다면 큰 착각이다.

김명환 집행부는 국회 패스트트랙 문제를 놓고 정부·여당이 "정치 적폐 청산을 추진할 수 있는 계기를 확보"하고 "자유한국당을 포위 압박하는 길을 채택"했다고 평가했다. 그러면서, 이런 변화로 민주노총의 대국회 개입 가능성이 높아지고 중도 개혁 세력을 사회 대개혁 추진으로 견인할 수 있게 됐다는 희망을 나타냈다.

그러나 정부·여당이 우파를 포위 압박한다는 것은 단순한 인상에 불과하다. 늘 그랬듯이 문재인은 반우파 대중 정서의 덕을 보려고 "촛불 계승" 운운한다. 그렇지만 실제로는 우파와 손잡고 친기업 노동 개악을 추진해 왔다. 이 점에 관해서 그는 지금도 확고부동하다.

2019년 5월 12일 고위 당정청 회의는 5월 국회에서 탄력근로제와 최저임금 개악 처리에 최선을 다하기로 했다. 문재인 대통령은 5월 9일 특별대담에서 최저임금 1만 원 공약 파기를 재확인했다. 같은 날 이재갑 고용노동부 장관은 김명환 민주노총 위원장과의 면담에서 전교조 법외노조 취소 요구를 또다시 외면했다.

이런 상황에서 많은 조합원들은 지금이 "새로운 사회적 대화" 추진 의제를 다시 꺼내 놓을 때라고 보지 않는다. 이번 중앙위원회의 교섭전략특위 안건 상정 철회는 조합원들의 이런 정서를 반영하는 것이다. 총파업 태세를 갖춰도 모자란 판국에 김명환 집행부가 문재인 정부와의 대화 추진에 무게중심을 두는 것을 많은 조합원들이 못마땅하게 여긴 것이다.

김명환 위원장은 이런 상황에서 교섭전략특위 설치 안건을 상정하면 논란만 불거지고 상정하지 않은 것보다 못한 결과를 낳을 수 있다고 우려했을 것이다. 그렇지 않아도 경사노위 참여를 둘러싸고 두 번이나 좌절을 경험했으니 더욱 조심할 수밖에 없었을 것이다.

김명환 집행부는 교섭전략특위 설치 안건을 철회한 만큼, 이제 교섭이 아니라 총파업 실질화에 힘을 쏟아야 한다. 이것이 이번 중앙위원회 회의 결과(교섭전략특위 추진 철회)의 원인이 된 조합원들의 정서이고 명령이다.

교섭전략특위를 설치하고 교섭틀 추진에 힘을 쏟는 것은 투쟁 준비를 분산·약화시키는 효과를 내고 시간만 낭비하게 만들 것이다. 노동 개악 의지가 확고한 문재인 정부와 사용자 측을 노정, 노사정 대화에서 설득할 수 있다고 기대하는 것은 순진하다.

특히, 지금처럼 경제가 어려울 때는 각종 양보 압력이 작용하면서 노정, 노사정 대화의 결과는 처음 기대와는 달리 점점 일그러지기 마련이다. 광주형 일자리 모델의 귀결이 그 사례다. 광주형 일자리 추진에 앞장선 노사민정 대화 참여자들마저 "죽 쒀 개 준 꼴"이 됐다고 말할 정도다.

지금처럼 경제가 어려울 때 조건의 방어나 개선을 위해 의지할 수 있는 힘은 오직 노동자 대중투쟁밖에 없다. 정부와의 대화 채널에 연연하거나 정부를 사회 대개혁 추진의 견인 대상으로 여기며 정면 도전을 꺼리는 것은 스스로 파놓은 함정으로 걸어 들어가는 것이다. 따라서 국회 패스트트랙 국면으로 이완된 분위기를 다시금 노동 개악 총파업 태세로 가다듬고 실질적 파업이 될 수 있도록 총력을 기울여야 한다.

경사노위 불참 이후,
왜 운동은 전진하지 못했나?

 2019년 1월 28일 민주노총 대의원대회에서 경사노위 참여안이 통과되지 못하면서 문재인 정부와 노동운동 사이의 갈등이 표면화됐다.

 민주노총의 경사노위 불참은 문재인 정부의 노동 개악 추진에 상당한 지장을 초래했다. 원래 문재인 정부는 민주노총을 경사노위에 참여시켜 이른바 '성장 동력을 살리는 개혁'에 노동자들의 협력을 얻어 내려 했다. 격차 해소 명분으로 정규직 양보 유도하기, 구조조정 명분으로 노동조건 악화시키기, 탄력근로와 사업장 점거 금지 같은 노동 개악을 '원만하게' 추진하려던 것

출처: 김하영, 〈노동자 연대〉 295호(2019-08-23), 304호(2019-11-08)에서 발췌.

이다. 그런데 두루 알다시피 이게 뜻대로 안 되고 있다.

반면 민주노총의 경사노위 불참은 노동자들의 투지와 자신감을 북돋는 효과를 냈다. 정부는 반노동 정책을 포장하기가 어려웠다. 민주노총 대의원대회에서 경사노위 참여가 무산된 이후 노동자 투쟁은 꽤 탄력을 받으며 전개됐다. 국립대병원 간접고용 비정규직 노동자 파업, 특수고용 노동자들의 대규모 집회, 대우조선 매각 저지 투쟁, 대우조선 하청 노동자 투쟁, 김천시 관제사 정규직화 투쟁, 한화토탈 파업 등이 이때 벌어졌다.

이 시기에 노동운동은 중요한 정치적 소득을 얻었다. 4·3 재보선에서 정의당의 당선, 낙태죄 헌법불합치 판결(4월 11일), 제주 영리병원 취소(4월 17일) 등이 그것이다. 2018년 여름 이후 2019년 봄까지 문재인 지지율은 반토막이 났다.

이런 상황은 노동운동이 더 전진할 수도 있었음을 보여 주는 것이었다.

그러나 민주노총의 경사노위 불참 이후의 상황은 안타깝게도 충분히 만족스럽게 전개되지 못했다. 경사노위 불참은 발목 잡히지 않고 투쟁하기 위해서인데, 민주노총 집행부는 문재인 정부에 맞선 효과적이고 전국적인 행동이 필요할 때 그렇게 하지 않았다. 탄력근로제 개악안이 나왔을 때, 또 약속한 ILO 협약 비준은 안 하고 개악안을 냈을 때, 또 민주노총 위원장과 간부들을 잡아 가뒀을 때, 최저임금 인상이 역대 최저치로 됐을 때 등이 그런 상황이었다.

투쟁 동력의 부족이 문제인가?

민주노총 일각에서는 2019년 상반기 투쟁이 파괴력이 없었다는 평가가 나왔다. "상반기에 총파업을 두 번 조직했는데 파업 규모가 너무 적어 사실상 불발됐거나 파괴력이 없었다." 그러나 이런 평가는 위험하다. 현장의 투쟁 동력 핑계를 대는 것일 수 있기 때문이다.

그렇지만 투쟁 동력이 없어서 그렇게 된 게 아니었다. 오히려 노동운동은 오랜만에 활기를 회복했다. 박근혜 퇴진 촛불 운동 이후 이런 변화가 뚜렷했다. 정부 통계를 봐도, 2018년과 2019년 노동쟁의 건수와 근로손실일수가 크게 늘었다. 비정규직 노동자들뿐 아니라 다양한 부문이 투쟁에 나섰다. 구조조정 저지, 노동기본권 쟁취, 노동시간 단축, 산업재해 관련 투쟁도 있었다. 비록 파업으로 이어지진 않았지만, 집배원들이 노조 출범 60년 만에 처음으로 파업을 결의한 것(93퍼센트 찬성)은 노동자들이 불만이 매우 크고 투쟁할 뜻도 있음을 보여 줬다. 최근 분위기는 민주노총 조합원의 증가로도 나타나, 이제 민주노총은 조합원이 100만 명이 넘었다. 그중 27만 명, 즉 4분의 1이 넘는 수가 지난 2년 동안 늘어난 것이다.

이런 상황에서 투쟁 동력 부족을 얘기하는 것은 설득력이 없다. 오히려 곳곳에서 활력 있게 진행되는 투쟁들을 서로 연결하고 확대해야 하는데, 그러지 않은 것이 문제다.

게다가 반우파 적폐 청산이나 한반도 평화 문제에서는 문재인 정부와 공통점이 있다고 보면서 민주노총 집행부가 정부 비판을 삼가는 것도 악효과를 냈다.

노동운동의 정치적 소득에 대한 우파 측의 반동이 강화되고 (우파 집회 규모의 성장으로도 나타났다), 이에 힘입어 자유한국당이 4월 말 패스트트랙(사법개혁과 선거제 개혁) 저지 국회 농성에 들어가자 중도좌파(이하 진보) 측에서는 우파에 맞서 진보계와 민주당이 힘을 합쳐야 한다는 생각이 강화됐다. 이런 소박한 민중주의(진보 포퓰리즘)적 사고는 여당의 패스트트랙 추진에 대한 진보계의 낙관과 관계있었다.

더구나 민주노총 집행부는 문재인 대통령을 "사회 대개혁" 추진의 일면 협력 대상으로 여기면서 그에게 정면 도전하기를 꺼렸다. 민주노총 집행부가 메이데이 행사를 전국 집중 서울 집회가 아니라 권역별 분산 집회로 치른 것은 그런 표현의 하나였다.

민주노총 집행부는 이런 타협주의적 전망에 따라 민주노총에 교섭전략특위를 설치하고 위원장이 직접 이 특위를 맡으려 했다. 이 계획은 좌파의 반대와 조합원들의 반감에 부딪혀 좌절됐다. 그러나 김명환 집행부는 대화·교섭 중심 계획이 거듭 좌초됐는데도 '사회적 대화' 시도를 포기하지 않았다. 계속 좌고우면하면서, 투쟁을 중심에 놓으려고 하지 않았다.

그렇지만 민주노총 집행부의 전망과 달리 여야의 갈등으로 "노동 개악이 물 건너"간 것은 아니었다. 오히려 문재인 정부는 국회가 마비돼 있는 동안에도 탄력근로제 계도 기간 연장을 통해 이미 주 52시간제를 무용지물로 만들고 있었다. 그리고 최저임금 인상 속도 조절을 또 강조했다(그 결과 2019년 7월 12일 최저임금위원회에서 역대 최저 인상 수준인 사용자 측 안이 가결되도록 만들었다).

기회를 못 살리고 주변화

이렇게 우리 편이 기회를 잘 살리지 못하자, 문재인 정부는 반토막 났던 지지율을 5월 말부터 조금씩 회복하면서 정세 주도권을 강화했다. 반면 노동자들은 계속 투쟁하는데도 힘이 결집되지 못하고 정세의 주변으로 밀려나는 듯한 형국이 됐다.

그 뒤, 문재인 정부가 6월 10일 ILO 총회까지는 ILO 기본협약을 비준하지 않겠느냐는 진보진영 일각의 기대도 빗나갔다. 김명환 민주노총 위원장 자신을 포함해 민주노총 상근 간부들에 대한 탄압도 벌어졌다. 그런데도 민주노총 집행부는 정부의 공격에 실질적으로 저항하지 않았다. 심지어 위원장에 대한 탄압에 대해서조차 마찬가지였다. 김명환 위원장은 보석 석방을 택했는데, 수배되거나 구속되면 정부와의 대화를 주도적으로 추진하기 어려운 처지가 될 것을 우려해서였을 것이다.

노동조합 지도부의 이런 소심함은 비단 문재인 대통령에 대한 착각 때문만은 아니고, 경제가 위기인 상황에서 경제 회복에 협조해야 한다는 그들의 생각도 작용했다. 이는 구조조정 저지에 노동조합 지도자들이 큰 의욕을 보이지 않는 것에서 잘 드러난다.

2019년 상반기 내내 아래로부터의 투쟁이 계속되고 있었다. 그렇지만 민주노총 집행부가 사회적 대화에 미련을 버리지 못하고 좌고우면하면서, 더 전진할 수도 있었을 노동운동은 충분한 잠재력을 발휘하지 못했다. 문재인 집권 이후의 경험은 민주당 정부와 협력(또는 타협)해서 사회 개혁을 이룬다는 전략이 여전히 전혀 현실적이지 않고 우리 진영을 약화시킬 뿐임을 또다시 보여 줬다.

4장

아쉬울 때마다
사회적 대화 꺼내는
문재인 정부

일본의 수출규제:
노동자 희생 강요하는 민관정협의회

2019년 7월 31일 '일본수출규제대책 민관정협의회'가 출범했다. 일본 아베 정부가 반도체 소재 등 한국의 대표 수출 품목에 규제 조처를 취하자, 문재인 정부와 여야 대표가 비상협력기구를 설치해 범국가적 대응을 하기로 합의한 데 따른 것이다. 그 참가 대상에 주요 경제단체와 양대 노총 위원장도 포함됐다.

그러자 노동운동 내에서는 민관정협의회 참여 여부가 쟁점이 됐다. 정의당은 1차 회의부터 참가했고, 곧이어 한국노총도 참가했다. 심상정 정의당 대표는 민주노총에 민관정협의회 참여

출처: 김하영, 〈노동자 연대〉 294호(2019-08-08), 295호(2019-08-23)에서 발췌, 보완.

를 적극적으로 요청했다.

그러나 문재인 정부는 민관정협의회에서 일본의 수출규제에 대응한다는 명분으로 친기업 정책을 추진하고 노동계의 양보를 압박하려 한다. 일본의 경제 보복을 이겨 내야 한다면서, 국민 단결 기치를 내세워 노동자 희생을 정당화하려는 것이다. 기업 지원을 확대하고, 산업안전 규제를 풀고, 노동시간을 연장하는 것이 그런 것들이다.

이미 문재인 정부는 애국주의 열풍을 이용해 노동시간 연장을 기정사실화했다. 7월 22일 이재갑 고용노동부장관은 "수출 규제 품목 국산화를 위한 연구·개발, 제3국 대체 조달 관련 테스트 등의 관련 연구 및 연구 지원 등 필수 인력에 대해 특별연장근로를 인가할 예정"이라고 발표했다. 이 경우, 제한 없이 노동시간 연장이 가능하다. 삼성전자와 SK하이닉스 같은 기업이 그 대상이다. 이재갑 장관은 일본 정부가 한국을 '화이트리스트'에서 제외하면 대상 업종을 더 늘릴 수 있다고 했다. 일본 정부가 1000개가 넘는 품목에 대한 무역 보복 조처를 검토하고 있다고 하니, 사실상 한국 전체 노동자에게 특별연장노동을 시킬 수도 있는 것이다.

또, 문재인 정부는 8월 5일 화학물질에 관한 안전 규제도 완화했다. 인허가 기간과 절차를 줄여 준 것이다. 일본 무역 보복에 대응하고 반도체 등 소재·부품 산업의 국산화를 촉진한다면서 말이다. 개악의 도마 위에 오른 것은 '화학물질 등록 및 평가 등에 관한 법'(화평법)과 '화학물질 관리법'(화관법)이다. 전자는 가습기 살균제 대참사의 재발을 막기 위해 2013년 제정된 법이고, 후자는 2012년 구미 불산 누출 사고 이후 전부 개정돼 2015년부터 시행됐다. 기업들은 한국의 화평·화관법이 일본보다 3.5배나 많은 화학물질을 관리 대상에 포함한다며, 규제가 "나라를 말아먹는다"고 목소리를 높여 왔다.

이처럼 문재인 정부는 일본의 경제 보복에 맞서 "항일" 운운하며 애국주의적 국민 단합 애드벌룬을 띄우고는 그것을 기업 지원을 정당화하는 데 쓰려 한다. 민관정협의회의 목적이 바로 이런 것임은 다음과 같은 1차 회의 결과에서도 잘 드러났다.

"지금의 어려움은 충분히 극복 가능하며 … 이를 위해 노동계·경영계·정치권·정부 모두가 힘과 지혜를 모아야 할 때 … 특히, '국익 우선'이라는 큰 원칙하에 모두 'One-Voice'를 내기로 했음"("'일본수출규제대책 민관정협의회' 1차회의 결과", 기획재정부 보도자료 2019년 7월 31일).

민관정협의회 참가 압박한 정의당

정의당은 문재인 정부가 일본의 수출규제를 이유로 규제 완화를 하려 한다고 비판했다. 그러면서 그것을 막기 위해서 노동계가 민관정협의회에 참가해야 한다고 주장한다. 심상정 정의당 대표는 민주노총 위원장을 만난 자리에서 이렇게 말했다. "(일본의 수출규제를) 계기로 재계는 자기들의 숙원 과제인 환경·안전·노동 관련 규제 완화를 전면적으로 밀어붙이고 있고, 정부는 이에 무분별하게 응하고 있다. … 안전과 환경 등 착한 규제들을 허무는 일에 우리가 힘을 모아 대응해야 하지 않겠는가."

한국노총 지도부도 "민관정협의회에 들어가 노동계의 목소리를 대변하고 정부의 무분별한 노동분야 규제 완화를 최대한 막아 낼 것"이라는 명분을 내세우면서 민관정협의회에 참가했다.

그렇지만 민관정협의회는 소위 국란 극복을 위해 국민적 단결을 이끌어 내는 데 목적이 있다. 노동계가 참가하면 그런 노력에 힘을 보태는 것이다. IMF 경제공황 당시 금 모으기 운동에서 봤듯이, 국민 단결 분위기 속에서는 정부가 노동자 희생을 정당화하기 쉽다. 그 안에 들어가서 노동 개악에 반대하겠다는 건 극도로 모순된 행동을 정당화하는 것일 뿐이다.

실제로 정의당과 한국노총은 노동시간 연장 반대 등을 표명했지만, 민관정협의회 안에서 그런 주장을 하는 것은 군색하고 마이동풍일 뿐이었다. 반대로 대국민 정치적 상징이라는 면에서는, 즉 노동자 희생을 정당화하는 국민 단결 분위기를 만드는 데서는 효과를 냈다.

그런 효과 속에서 문재인 정부와 여당은 8월 27일 고위 당정 청 회의를 열고 9월 정기국회에서 중점 법안과 예산안을 처리 하기로 했다. 소재·부품·장비산업육성특별법을 비롯해 기업의 투자 촉진을 위한 지원을 강조했고, 이른바 "민생법안" 처리도 결의했다. 여기에는 탄력근로제 확대, 최저임금제도 개악, 노동 법 개악 등 노동자 등골 빼는 법안들이 포함됐다.

민주노총의 거부, 그러나 불충분한 정책

다행히 김명환 민주노총 집행부는 민관정협의회 참가를 거부 했다. 민관정협의회가 일본의 수출규제 대응을 명분으로 친기 업 정책을 추진한다고 본 것이다. 민주노총이 한일 갈등을 명분 으로 한 규제 완화와 노동시간 연장 추진에 반대한 것은 완전 히 옳았다. 그러나 한일 갈등 국면에서 민주노총 집행부의 정책 이 일관되고 효과적이었던 것은 아니다.

민주노총 집행부와 일부 산하노조 집행부는 일본의 수출규 제를 "경제 침략"으로 규정하고 반일·불매 운동을 지지했다. 이 런 정책은 문재인 정부의 대일 대응을 지지하고 국란 극복을 위한 '국민적 단결'에 힘을 싣는 효과를 내는데 말이다.

그러나 문재인 정부의 노동정책만 문제이고 외교·안보 정책 은 이럭저럭 괜찮은 것은 아니다. 정부의 대일 정책에 사실상 협조하는 태도로는 한일 갈등을 이용한 규제 완화와 노동시간 연장에 효과적으로 반대하기 어렵다. 한일 갈등 문제를 놓고는 문재인 정부 비판을 삼가고 국민(민족)적 단결을 지지하면서 노동 개악에만 반대한다면, 설득력과 입지가 좁을 수밖에 없기 때문이다. 앞에서도 썼듯이, 국민(민족)적 단결 분위기 속에서는 정부가 노동자 희생 강요를 정당화하기 쉽다.

노동운동은 문재인 정부의 모순과 위선을 꿰뚫어야 한다. 대일 정책에서도 문재인 정부는 위선적이다. 자유한국당의 친일은 노골적이지만, 문재인의 반일 투사 행세는 가식적이다. 문재인 정부는 국익을 위해 미국의 대중국 포위 전략에 협조하고 있다. 이 전략은 일본이 군국주의 날개를 펴는 도약대이자, 아시아 긴장의 주범인데 말이다.

노동운동은 문재인 정부의 대일 정책에 협조해선 안 되고, 오히려 정부의 친제국주의 협력 노선에 정면 반대해야 한다. 중거리 미사일 한국 배치, 호르무즈해협 파병, 군비 증강 등이 그런 것이다. 노동 문제에서뿐 아니라 이런 지정학적 문제에서도 문재인 정부에 분명한 반대를 해야 노동 문제를 둘러싸고도 효과적으로 투쟁할 수 있다.

노동자 투쟁이 매우 중요한 상황에서 정의당 같은 노동계 주요 조직이 민관정협의회에 참가해 정부에 협조한 것은 과오였다. 민주노총 집행부는 민관정협의회에 참가하지는 않았지만,

안타깝게도 일본과 미국의 제국주의적 공세를 폭로하면서 대정부 투쟁을 강화하는 것으로 나아가지는 않았다. 민족주의적으로 대처해 계급 대립을 흐린 문제가 있었음을 돌아봐야 한다.

조국 사태:
청와대의 새 대화 틀 약속

2019년 9월 3일 김상조 청와대 정책실장이 민주노총을 찾아 김명환 집행부와 면담을 했다. 김상조 실장은 전에도 민주노총을 방문하려 했지만, 최저임금 개악과 노동 개악 추진 등에 반발해 민주노총이 이를 거절한 바 있다.

이번에 김상조 실장은 민주노총 집행부 면담을 성사시키고자, 톨게이트, 기아차 비정규직 등 몇몇 현안 투쟁들과 관련해 대화할 의사가 있다는 제스처를 취했다. 정부가 노동 개악 추진을 멈추지 않는 상황에서 민주노총 집행부와의 면담을 성사시

출처: 김하영, 〈노동자 연대〉 304호(2019-11-08), 강동훈, 〈노동자 연대〉 297호 (2019-09-05)에서 발췌, 보완.

키려면 명분을 마련해야 했을 것이다.

이처럼 문재인 정부가 민주노총 지도자들과의 만남을 다급히 추진하고 나선 것은 2019년 8월 하순부터 조국 법무부 장관 임명과 사퇴 문제로 문재인 정부가 심각한 위기에 빠져들고 있었기 때문이다. 정부·민주당 지지율이 급속히 하락하고 있어서, 노동자 운동을 무마할 필요가 있었던 것이다.

특히, 계급 불평등이 조국 논란의 핵심 문제인 상황에서 정부가 노동계 지도자들과 대화하는 모습을 연출하는 것이 조국 반발 여론을 무마하기 위해 필요하다고 봤음직하다. 게다가 정부 입장에서는 고맙게도, 민주노총은 조국 법무부 장관 임명 추진에 대해 비판 입장을 내지 않고 있었다.

이런 점들을 모두 고려하건대 민주노총 집행부가 김상조 실장의 면담 요청을 수락한 것은 조국 사태로 위기에 처한 문재인 정부의 손을 잡아 준 것이다.

물론 김명환 민주노총 집행부는 그렇게 함으로써 여론 악화와 자유한국당의 공세로 곤경에 처한 문재인 정부가 '노동 존중' 공약을 이행하거나 '제대로 된 사회적 대화'를 하도록 압박할 수 있다고 봤을 수 있다.

그러나 김명환 집행부는 조국 임면 정국에서 청와대와의 면담이 갖는 정치적 의미를 더 깊이 생각해야 했다. 문재인 대통령이 보통 사람들은 기대할 수 없는 특권을 행사해 온 인물(조국)을 개혁가로 내세운 것이 드러나면서, 청년들 사이의 실망과 분노가 분출하는 상황이었다. 그런 때에 민주노총 지도자들이 청와대 인사를 만나 웃고 악수하는 행위는 위기에 처한 정부에 개혁 색칠을 해 주고, 문재인 대통령이 시간을 벌게 해 주는 것이었다.

민주노총 집행부가 청와대 면담에서 얻은 것은 "노정 협의 틀 마련" 약속이었다. 사회적 대화의 불씨를 살리는 데 관심을 두고 있는 김명환 집행부가 노정 협의 틀 마련을 약속받고 위기에 처한 문재인 대통령이 숨 돌릴 틈을 제공한 셈이었다.

이날 김상조 실장은 "노정 협의 틀 마련" 외에는 어떤 개선 약속도 내놓지 않았다. 특히, "공공부문 비정규직을 고용이 보장된 신분으로 전환하는 것을 정규직화로 생각하고 있다"고 거듭 강변하면서 공공부문 비정규직의 자회사 채용을 지속할 것이라는 점을 분명히 했다. 공공부문 비정규직 노동자들이 자회사는 '또 다른 하청회사'라며 반발하고 있고, 톨게이트 노동자들이 민주노총 면담 장소까지 들어와 직접 고용을 요구했는데도 말이다.

김상조 실장이 민주노총을 방문했을 때, 톨게이트·기아차 비정규직 노동자들이 "불법(파견)을 해결하라"고 항의했지만, 김상조 실장은 어느 것 하나 확답하지 않았다. 민주노총 건물 입구에서 팻말 시위를 벌인 공무원노조, 전교조 조합원들을 향해서도 마찬가지였다. 9월 3일 노동부 차관과 기아차 비정규직

면담, 9월 4일 청와대 시민사회수석과 민주노총 소속 톨게이트 노조 면담도 있었지만, 결과는 같았다. 김상조 실장은 김명환 위원장이 요구한 ILO 협약 비준을 빌미로 한 노동 개악 중단이나 재벌 개혁에 대해서도 묵묵부답이었다.

결국 정부는 노동자들의 요구는 외면하면서, 민주노총과의 관계 회복에 나서는 모습을 대외적으로 보여 줌으로써 조국 사태 무마에 이용하는 데만 관심이 있었던 것이다.

청와대 면담 손익계산서

이 만남의 손익계산서를 뽑아 보면 어떨까. 민주노총과의 만남 이후 문재인 대통령은 검찰 개혁 필요성 논리로 국면 전환을 시도해 엿새 만에 조국을 법무부 장관에 임명했다. 그렇지만 문재인 지지율이 지속 하락하면서 결국 조국은 임명 한 달여 만에 사퇴했다. 이 점에서 문재인 정부가 면담 효과를 크게 보지 못한 것처럼 보일 수 있다.

그러나 민주노총이 위기에 빠진 문재인 정부의 손을 잡아 주지 않았다면 어땠을지를 생각하면 계산은 완전히 달라진다. 청와대가 민주노총 지도자들을 찾아온 9월 초, 문재인 정부는 대중의 불만과 저항의 확대를 차단하고자 전전긍긍하고 있었다. 민주노총이 문재인의 정치적 위기를 투쟁 기회로 이용했다면,

청년들의 불만을 대변했다면 사태는 완전히 달라졌을 수 있다.

안타깝게도 노동계 대표 조직들은 (민주노총뿐 아니라 정의당과 민중당도) 조국 사태가 계급 불평등 문제였는데도 사이비 진영 논리(개혁 세력이냐 적폐 세력이냐) 안에 자신을 욱여넣었다. 정부 편에 섬으로써 정치적 독립성을 훼손한 결과, 노동계 대표 조직들은 이른바 '조국 대전'이 치러지는 동안 정말로 존재감 없이 주변화됐고, 곧이어 안팎의 비판에 직면했다.

김명환 민주노총 집행부는 조국 사태가 지속되는 동안 그 흔한 비판 성명서 한 장 내지 않았다. 두 달 내내 조국과 정부·여당 비판을 삼간 것이다. 그것이 단지 노정 협의 틀 마련에 대한 기대 때문이었다고 하기는 어려울 수 있다. 민주노총을 비롯해 노동계 대표 조직들의 과오는 특권계급의 일부이자 그 옹호자인 정부·여당으로부터 독립적이지 못해서 빚어진 일이다.

민주노총을 비롯해 정의당, 민중당의 지도자들은 문재인 정부를 지지해 주면서 개혁을 조금씩 얻어 내는 것이 진보적 전진을 위한 길이라고 여겼을 것이다. 특히 정의당은 선거제도 개혁에 거의 목을 매고 있고, 민주노총은 노사·노정 교섭의 안정화를 통한 조합원 조건 개선을 기대할 것이다. 모두 이를 통해 연립정부를 향한 발판을 만들고 싶어 할 것이다.

그러나 민중주의 전략(계급을 초월한 국민연합)은 노골적 친자본주의 세력과의 동맹에 아래로부터의 노동운동을 묶어 둠으로써 진보적 개혁의 진정한 동력을 약화시킨다는 난점이 있다. 특히 지금 같은 장기 경제 침체 상황에서는 아래로부터의 운동이 체제에 위협을 가하는 수준으로 벌어지지 않고는 부분적 개혁조차 쟁취하기 어렵다. 그러나 바로 그 동력인 기층 운동을 활성화시키기는커녕 계급투쟁과 계급의식을 약화시킨다는 것이 민중주의 전략의 핵심적 난점이다. 이처럼 아래로부터의 운동을 억제하면 우파에게 득이 될 뿐이다.

김명환 민주노총 집행부는 민주노총이 사회 대개혁에 나서겠다면서, "사업장 담장을 넘어 한국 사회 대개혁으로!"라는 기치를 내걸었다. 이 말은 노동조합의 협소한 부문주의와 경제주의를 비판하는 말로 사용돼 왔다. 그러나 김명환 집행부가 패스트트랙, 한일 갈등, 조국 사태와 검찰 개혁에서 취한 입장과 그 결과는 민중주의적 사회 대개혁 노선이 노동조합 부문주의·경제주의의 진정한 대안이 되지 못한다는 것을 보여 준다. 조국 사태 동안 노동자 운동이 주변화된 문제점과 청년들의 불만을 대변하지 못한 과오로부터 교훈을 얻어야 한다.

총선 체제:
이번엔 스웨덴식 목요대화?

2020년 1월 정세균 총리는 "사회갈등 해결을 위한 새로운 협치모델인 목요대화를 운영"해 "노사정 등과 폭넓은 대화를 나누겠다"고 밝혔다. 목요대화는 스웨덴에서 1946년부터 1969년까지 23년간 진행된 노·사·정 만찬 모임(목요클럽)에서 따온 것이다.

문재인 정부가 새 모델을 꺼내 든 것은 네덜란드, 덴마크를 들먹이며 추진했던 "사회적 대화"가 신뢰를 잃었기 때문이다.

두루 알다시피 1기 경사노위는 파탄 났다. 탄력근로제 확대안 '합의' 과정은 경사노위가 노동자들에게 양보를 강요하며 정

출처: 김하영, 〈노동자 연대〉 313호(2020-02-05).

부 정책을 추진하는 도구일 뿐임을 적나라하게 드러냈다. ILO 기본협약 비준 좌절은 경사노위가 시간을 끌면서 후퇴를 강요하는 기구임을 보여 준 또 다른 사례다.

일각에서는 민주노총의 불참이 이런 결과를 낳았다고 비난한다. 그렇지만 이는 책임 전가일 뿐이다. 민주노총이 경사노위에 참여했다면 알량한 차악안에 합의하는 배신적 타협을 강요받았을 것이다. 그런 타협을 거부하면 어떤 대우를 받는지는 경사노위에 참여했던 계층(여성·비정규직·청년) 대표 3인이 겪은 수모를 보면 잘 알 수 있다. 계층 대표 3인이 탄력근로제 확대안에 반발하자 경사노위는 그들을 해촉해 버리고 물갈이를 한 뒤, 탄력근로제 확대안을 통과시켰다.

1기 경사노위가 문재인 정부의 약속과 달리 '도로 노사정위'로 막을 내리자, 경사노위 2기가 출범했음에도 별 관심을 모으지 못했다. 그러자 정세균 총리는 사회적 대화를 회생시키는 펌프질의 일환으로 스웨덴 목요클럽 '모델'을 들고나온 것이다.

환심 사기

노동운동의 일각에서는 이미 수개월 전부터 경사노위가 아닌 새로운 사회적 대화 틀이 필요하다는 주장이 제기돼 왔다. 민주노총 집행부의 핵심은 산별과 지역 차원은 물론 중앙 단위에서도 (경사노위가 아닌) 사회적 대화를 얼마든지 할 수 있다는 입장이다. 목요대화도 "제안이 오면 적극 검토해 보겠다"고 했다.

그러나 사회적 대화가 기대를 잃은 것은 단지 경사노위 운영 파탄 때문만은 아니다. 그것은 문재인 정부 노동정책에 대한 실망과 환멸이라는 더 큰 맥락과 맞물려 있다. 그래서 사회적 대화 모델을 바꾸거나 새 틀을 만든다고 해서 그 난점이 해소되기는 어렵다. 민주노총 집행부가 애초 사회적 대화 참여의 조건으로 제시했던 사안들은 지난 2년 반 동안 해결되지 않고 오히려 후퇴했다. 최저임금 개악이 거듭 추진됐고, 주 52시간제도 시행 유예와 연장근로 인가 사유 추가로 무력화됐다. 전교조 법외노조 통보는 아직도 철회되지 않았다.

문재인 정부가 이런 후퇴를 멈추지 않고 '모델'만 바꿔 사회적 대화를 제의하는 것 자체가 대화의 기만적 성격을 보여 준다. 문재인 정부는 두 가지 목적을 이루고 싶을 것이다.

하나는 총선 전에 민주노총 위원장과 웃으며 대화하는 모습을 보여 주는 것이다. 이것은 노동자들의 환심을 사서 표를 얻으려는 것이자, 노동자들의 불만을 관리하는 능력을 보여 줌으로써 사용자들의 신뢰를 얻으려는 것이다.

또 다른 하나는 총선 후 본격화될 반노동 정책 추진에서 노동자 투쟁의 발목을 잡고 양보를 얻어 내는 것이다. 정세균 총리는 "성장동력 저하와 양극화, 인구절벽 등 우리 사회의 구조적이고 복합적인 문제들을 극복하기 위[한] 양보와 협력"을 강조했다.

문재인 정부가 그동안 이런 문제들(성장동력 저하와 양극화, 저출산)에 대한 '해결책'을 제시하지 않은 것은 아니다. 파격적인 기업 투자 지원, 규제 완화, 구조조정, 임금 양보, 단시간 일자리 양산 등이 그것이다. 이런 내용이 문재인 정부의 〈2020년 경제정책방향〉에 고스란히 담겨 있다. 정세균 총리는 특히, "획기적인 규제 혁신과 기업하기 좋은 환경 조성"을 강조한다. 요컨대 그는 이를 위한 노동조합 지도자들의 "양보와 협력"을 목요대화에서 압박할 생각이다.

그러나 "양보와 협력의 정신"으로 "성장동력 저하와 양극화" 문제를 극복하는 것이 (계급을 떠나) 모두에게 이롭다는 주장은 기만일 뿐이다. 노동자들에게 일방적 희생이 강요될 뿐 아니라, 그렇게 해서 문제를 일시 극복하더라도 노동자들은 그 결실을 나누지 못한다.

1998년 노·사·정 대타협이 이를 잘 보여 준다. 당시 민주노총 집행부는 사회 개혁과 경제 위기 극복을 위해 정리해고와 파견근로 법제화 같은 양보를 수용했다. 그렇지만 이것은 결코 모두 원원하는 결과를 가져오지 못했다. 재벌은 더 거대하고 부유해진 반면, 비정규직과 빈곤층은 더 늘고 더 가난해졌다.

문재인 정부가 사회적 대타협 모델로 애초에 제시한 네덜란드 바세나르 협약은 이를 보여 주는 또 다른 사례다. 네덜란드 노동조합 지도자들은 여성과 청년 일자리 확충을 위해서라며 정규직 노동자들의 임금 양보를 수용했다. 그렇지만 노동자들은 득을 보지 못했다. 시간제 일자리와 저임금층 증가, 여성 빈곤 확대로 노동계급의 처지는 더 나빠졌다.

번지수 틀린 모델

문재인 정부를 (무비판적으로 또는 비판적으로) 지지하는 진보 진영 내 개혁주의자들은 스웨덴에서 목요클럽(노·사·정 만찬 모임)이 사회갈등을 해소하고 노·사가 '윈윈'하는 결과를 만들어 냈다고 말할지도 모른다. 스킨십, 대화, 참여 등을 그 비결로 꼽으면서 말이다.

그러나 1946~1969년 스웨덴 목요클럽이 다소간 성공을 거둘 수 있었던 비결은 그 대화가 진행되는 동안 지속된 장기 호황이었다. 스웨덴은 제2차세계대전 동안 산업 기반이 손상되지 않은 몇 안 되는 나라였던 데다 유럽 재건에서 이익을 얻을 수 있어, 전후에 탄탄한 경제성장을 구가했다. 이런 경제 상황 덕분에 스웨덴 자본가계급은 노동계급에 기꺼이 주요 개혁(의료, 교육, 주택)을 제공할 수 있었다. 특히, 그들은 이윤의 일부를 제공해 노동계급을 포섭하고 산업 평화를 얻는 것이 경제 성장(곧, 자본축적)에 더 이롭다고 봤다. 후발 산업국인 스웨덴은 1930년대 말까지만 해도 노동자 투쟁으로 몸살을 앓는 곳이었고, 지리적으로 러시아와 가까워 러시아 혁명의 영향도 많이 받았기 때문이다. 또, 경제가 확장되는 조건 덕분에 노동자들의 처지 개선(저임금층의 임금 인상)과 자본가계급에게도 이익인 조처(특히, 생산성 낮은 기업의 퇴출)가 맞물려 진행될 수 있었다. 경쟁력이 높은 기업들은 임금통제(고임금 노동자 임금 억제)라는 이득도 얻었다. 이것이 바로 소위 연대임금 정책이다.

그러나 이 모델은 무한정 지속될 수 없었다. 임금 억제와 산업 평화가 지속되면서 막대한 이윤을 쌓은 기업들은 더 거대해졌고, 노동자들 편에서는 불만이 쌓였다. 결국 1970년대 초 장기 호황이 끝나면서 노동자 투쟁이 증대했고, 노·사·정 동반자 관계에 균열이 시작됐다.

제2차세계대전 이후 25년 넘게 지속된 장기 호황과 유럽을 향한 수출 시장을 가진 경쟁력 있는 자본주의라는 특수성이 결합돼 가능했던 목요클럽 모델을 오늘의 한국에 적용한다는 것은 어불성설이거나 속임수다. 노·사·정이 만나 대화를 할 수 있지만, 그로부터 누이 좋고 매부 좋은 결과를 얻을 수는 없다. 지금처럼 경제가 침체된 상황에서는 경제 회복을 위해 노동자가 희생하라는 주문이 '상식'이 된다. 노동자 편에 서고자 하는 개혁주의자들도 지금 같은 경제 상황에서는 결국 노동자 양보의 불가피성을 인정하는 것으로 끝나기 십상이다.

지금, 여기(경제 침체와 모순 많은 한국 자본주의)에서 노동자들의 처지가 개선되기를 원한다면, 사회적 대화가 아니라 노동자 투쟁에 기대야 한다. 문재인 정부 집권 2년 반 동안에도 작더라도 진정한 개선을 가져온 것은 바로 노동자들 자신의 투쟁이었다. 사회적 대화 기구들 안에서는 공허한 말이 오가고, 시간 끌며 후퇴와 양보를 강요받는 일이 반복됐을 뿐이다. 우리에게 필요한 것은 사회적 대화의 새 '모델'이 아니라 효과적 투쟁 모델이다.

코로나19 위기:
노동자 양보 압박하려는 비상경제회의

2020년 3월 18일 문재인 대통령은 경제주체 원탁회의라는 이름으로 재계와 노동계 인사들을 청와대로 불렀다. 경제와 보건 위기라는 양대 위기 국면에서 각계각층이 힘을 모으자는 것이다. 경총 같은 사용자 단체 대표들, 기업 경영자들과 양대 노총 위원장이 이 자리에 참석했다.

그동안 청와대가 민원 들어주겠다며 초청하는 자리는 기업인들 차지였다. 대기업, 수출 기업, 중소기업, 외국 기업, 벤처기업 등등 종류도 다양하게 불러서 맥주도 대접하고 쓴소리 단소리 마다하지 않고 들어 왔었다. 노동계 대표들에게는 그런 일이

출처: 〈노동자 연대〉 315호(2020-03-20).

없었다. 그런데 코로나19와 경제 위기 극복을 위해 각계각층의 협력(양보)이 필요하다는 자리에는 노동계 대표들을 부른 것이다. 이것이 문재인식式 노동 존중이다. 노동계는 고통 분담의 주체인 것이다.

그런데 고통을 분담하는 것이긴 할까? 문재인 정부가 경제주체 원탁회의를 앞두고 한 일들을 생각해 보자. 이재갑 고용노동부 장관은 개학 연기로 말미암은 학교 비정규직 노동자들의 휴업은 정부 탓이 아니므로 휴업수당을 줄 책임이 없다고 발표했다. 박능후 보건복지부 장관은 전 국민을 1주일에 마스크 2개 구하려고 한 시간씩 줄을 서게 만들고는 보건 노동자들이 포함된 방역 의료진이 마스크가 부족하지 않은데도 쌓아 놓고 있다고 비난했다.

문재인이 내놓은 추경예산에는 이런 문제들을 해결할 예산이 없거나 있어도 턱없이 부족하다. 민주노총도 추경예산이 "취약계층에 대한 재난수당은 아예 막아 버[렸다]"고 비판했다. 코로나19에 감염되고도 병원에 입원하지 못하고 죽는 일이 생기는데도 병상 확대 예산은 충분히 반영되지 않았다. 그렇다고 병상 확보를 위해 민간 병원을 통제하는 조처를 취하는 것도 아니다. 말로는 '전례 없는' 대책 운운하면서 말이다.

그러면서 현장 노동자와 인력을 투입해 겨우겨우 이뤄 낸 방역 성과를 정부의 성과로 치장해 홍보하기 바쁘다. 정부의 방역 실패를 현장에서 만회하려고 공무원 노동자들이 과로로 죽고, 보건 노동자들이 감염 위험에 노출되면서도 최선을 다하고 있는데, 문재인 대통령이나 고위 관료들이 이들을 위해 어떤 조치를 취했나?

문재인 대통령은 이미 2월 초부터 방역(대중의 안전)보다 코로나 위기가 경제(즉 기업)에 미치는 부정적 효과를 줄이는 데 집중하고 있었다. 그래서 감염자들이 폭증하기 직전이던 2월 중순에 이제는 안심하고 경제활동에 참가하라는 대국민 메시지를 내놨던 것이다.

문재인 대통령이 경제주체 원탁회의에 노동계 대표자들을 부른 것도 노동계 민원을 듣겠다는 것이 아니었다. 그저 자신이 추진하는 친기업 위기 대응 기조에 노동계도 협조해 달라는 것이다.

이 점은 김명환 민주노총 위원장이 재난생계소득 100만 원 보편 지급과 노동자 지원 등을 요구한 것에 대해 정부가 취한 태도만 봐도 알 수 있다. 문재인 정부는 총선을 앞두고 급해진 여당 일각의 보편적 소득 지원 요구조차 거절하고 있다. 이를 추경에서 배제하고, 앞으로도 그럴 방침이 없다고 밝힌 홍남기 경제부총리를 두둔한 것은 대통령 자신이다.

3월 19일 문재인 대통령이 또 전례 없는 대책 어쩌고 했지만 소득 지원 같은 것은 언급도 하지 않았다. 중소 상공인 저리 대출이나 대출이자 감면 조치는 있지만, 이것도 채권자들이 빚을 잘 받아 내도록 돕는 것이다. 이처럼 문재인 정부는 코로나 위기와 경제 위기라는 이중의 위기 국면에서 확고하게 친기업 지원 방향을 추진하고 있다.*

그런데도 재계 대표자들은 코로나 사태를 이용해 노동시간 제약을 풀고 법인세 감면을 촉구하는 등 더 노골적인 친기업 정책을 요구하고 있다. 민주노총 등의 재난생계소득 지급에는 적극 반대한다. 소득 위기(생계 위협)에 처한 보통 사람들에게 돈 쥐어 주지 말고, 기업이 투자할 수 있도록 지원하라는 것이다. 법인세 감면은 기업 이윤을 늘려 달라는 청원이자 그래야 투자할 수 있다는 압박이다. 또 기업들은 코로나 사태를 이용해 이미 고려 중이던 구조조정도 추진하려 한다.

사회적 대화를 통한 위기 극복?

이처럼 문재인 정부와 기업의 위기 해결 방안은 노동자들의 위기 해결 방향과 전혀 다르다. 노동계가 정부와 기업주들을 만나 노동자

---

* 3월 30일에야 문재인 정부는 '긴급재난지원금'을 지급하겠다고 발표했다. 그러나 보편적 소득 지원 요구를 고집스레 거부하며 소득 하위 70퍼센트 이하 가구에만 지급하기로 했고, 그조차 재원의 20~30퍼센트를 지자체에 부담시키겠다고 밝혔다(4월 5일 현재).

들의 재난 대책을 대화로 설득할 수 있다고 기대하는 것은 몽상이다. 고양이가 쥐 생각해 주길 바랄 순 없다. 현재의 코로나 사태로 인한 노동자·서민의 생계 위기를 사회적 대화로 해결할 수 없는 이유다. 이런 점에서 김명환 민주노총 위원장이 경제주체 원탁회의에 참석하고, 향후 비상경제회의에도 참석할 뜻을 언론에 밝힌 것은 우려스럽다.

비상경제회의는 대통령 주재 아래 경제 관료들이 주요 참석 대상이고, "위기 상황 긴급 대응 및 경제 살리기"를 중점 논의하고 추진하는 기구다. 필요시 관계부처 장관을 비롯해 사용자 단체장과 양대 노총 위원장 등을 참석시킨다는 것인데, 전체 구성에서 노동계를 대변하는 인물은 이 둘이 고작이다. 이와 같은 구성과 의제만 봐도 노동계 요구가 수용될 가능성은 거의 없어 보인다.

민주노총이 내놓은 재난생계소득 등 노동자들의 긴급한 생활상의 요구는 (앞에서 살펴본 이유로) 정부와의 대화나 각계 각층과의 대화로 성취할 수 없다. 친기업으로 맞춰진 정부의 위기 대책 방향을 바꾸려면, 정부를 강제할 집단행동의 힘을 발휘해야 한다. 이것이야말로 민주노총이 고통받고 있는 노동자와 취약계층 등에게 사회적 책임을 다하는 길이다.

안타깝게도 민주노총 집행부 일부는 코로나 위기 국면을 사회적 대화 재개의 계기로 삼으려는 듯하다. 노동조합도 국가적·국민적 위기 극복에 동참해야 한다고 보면서 말이다. 민주노총 집행부는 재난 극복을 위한 재정 마련을 위해 노동자 측의 양보 추진 의사도 시사했다. "진보적 조세개혁을 통한 복지 증세, 고용보험 등 사회보험료 인상, 코로나 사회연대기금 조성 방안 등을 위해 조직내 논의를 추진할 것[이다.]"

이것은 그동안 노동운동 내에서 논의돼 온 '사회연대 방안'들로서 정규직 노동자들의 세금 부담을 늘리거나 임금 일부를 양보해 기금을 마련하자는 내용과 유사하다. 그러나 지금 사용자들이 코로나 사태를 명분으로 임금 억제, 노동시간 연장, 노동법 개악 등을 압박하는 마당에 노동자 양보를 시사하는 것은 부적절하다. 이는 최소한의 요구를 위한 투쟁조차 어렵게 만드는 자충수가 될 수 있다. 운동을 분열시키고 마비시킬 위험이 있기 때문에 더 그렇다.

지금 코로나 사태에 직면해 노동자들이 재난 대책을 요구하는 방식은 결국 투쟁일 수밖에 없다. 방심하다가 방역에 완벽하게 실패한 이탈리아 정부마저도 지금 '60일간 노동자 해고 전면 금지'를 내놓은 것은 이탈리아 노동자들이 긴급 재난 대책을 요구하면서 파업을 벌이기 때문이다.

그렇지 않으면 정부와 기업들은 이 기회를 오히려 구조조정 추진과 노동권 약화의 계기로 삼으려 할 것이다. 노동자들도 고통 분담에 동참하라는 이데올로기를 앞세워서 말이다. 1998년

(IMF를 불러들인 경제 위기)에 정부와 사용자들이 민주노총 지도부를 노사정위로 끌어들여서 정리해고와 파견법 등에 합의하도록 했던 일을 기억해야 한다.

5장

세계 노동운동의
사회적 대화와 그 효과

네덜란드 사회주의자가 말하는

네덜란드 '바세나르 협약'의 진실

문재인 정부는 사회적 대화를 강조하며 네덜란드의 노사정 대타협(바세나르 협약)을 모델로 제시한다. 한국에서 네덜란드 모델은 정규직 노동자들이 임금 동결을 받아들이는 대신 기업주들이 주당 노동시간을 줄여 일자리를 늘린 것으로 알려져 있다. 그러나 네덜란드 사회주의자 로프 게렛센은 네덜란드에서 노사정 합의가 고용 불안정, 임금 억제, 불평등 심화를 가져왔다며, 노동자들의 투쟁을 고무하는 게 중요하다고 강조한다. 로프 게렛센은 네덜란드의 월간 《데 소시알리스트》(사회주의자)의 기자다.

네덜란드 노동조합운동은 1970년대의 위상·전통과 비교해 봤을 때, 지난 수십 년간 상당히 약화됐다.

다른 나라의 노동조합운동도 비슷한 어려움을 겪었지만, 네

출처: 로프 게렛센, 〈노동자 연대〉 228호(2017-11-11).

덜란드 노동조합운동에는 '폴더 모델'로 알려진 고유한 전통이 있다. 폴더 모델은 노조 상층 관료, 사용자 단체, 정부가 정기적으로 만나 협상과 심의를 하는 제도다. 폴더 모델은 일종의 실용주의로, 협력을 위해 [계급 간] 차이를 제쳐 놓는 것이다. 독일 총리였던 헬무트 콜이 이 '모델'의 열렬한 팬이었다.

1980년대 이래 네덜란드 노동조합운동의 역사에서 중요한 순간 하나는 1982년 11월 악명 높은 '바세나르 협약'을 체결한 것이다. 경제 위기가 닥치고 실업이 늘던 시기였다. 당시 뤼트 뤼버르스 총리가 이끄는 우파 정부는 새로운 임금 [억제] 정책 등 여러 수단으로 노동계를 위협했다.

그 뒤 수십 년 동안 신자유주의 정책들이 도입됐다. 바세나르 협약은 그 신호탄이었다. 실업이 늘고, 많은 영역에서 규제가 없어지고, 공공기관과 공공서비스가 민영화됐다. 일자리는 더 불안정해졌고, 사회보장제도와 임금·노동자 관련 법이 공격받았다. 그 결과, 사회적·경제적 불평등이 계속 커졌다. 아동 수십만 명이 가난하게 자랐다.

바세나르 협약은 '콕-판베인 협약'으로도 알려져 있다. 판베인은 가장 큰 기업가 단체의 회장이었고, 빔 콕은 가장 큰 노총인 네덜란드노총FNV의 위원장이었다. 네덜란드노총은 1982년 초 사회민주주의 노조와 가톨릭 노조가 합병해 설립됐다(개신교 노조는 이 과정에 참여하지 않았다).

1990년대에 사회민주주의 정당[노동당] 대표가 된 빔 콕은 신자유주의 정책을 집행하는 데 앞장섰다. 이는 노동당과 노동조합운동, 그리고 사회 전체의 이데올로기적 변화를 뜻했다. 시장 논리가 맹위를 떨친 반면 사회적 영역은 공격받았다.

이는 오랫동안 노동조합 관료층과 사회민주주의가 서로 긴밀한 관계 속에서 발전하고, 기업과 노동조합과 그 밖의 여러 부문 사이에서 "사회적 합의"가 제도화한 결과였다. 이런 과정은 이른바 "사회적 파트너들"과 정부 간 대화와 합의라는 이름으로 미화됐다.

그 결과 파업이 크게 줄고 노동'손실'일수도 줄어들었다. 이는 네덜란드 노동계급의 [투쟁] 경험이 적어지고, 전투성과 응집력도 약해졌음을 뜻했다. 바세나르 협약을 정당화하며 "더 많은 이윤은 더 많은 일자리"라거나, "더 낮은 임금은 일자리를 더 많이 창출하거나 적어도 실업률을 낮춘다" 따위의 거짓말이 널리 동원됐다.

바세나르 협약으로 기업가들은 물가수당[임단협 당시 예상한 물가상승률보다 물가가 더 오를 경우 사측이 자동으로 지급하는 수당]을 폐지하는 등 임금을 낮추고, 임금에 차등을 두고, 주주 배당금을 임금 인상률과 분리시켰다. 일자리도 더 불안정해졌다.*

---

* 네덜란드는 시간제 노동 비중(37.8퍼센트)이 세계에서 가장 높고, 여성 노동

노동조건 악화와 노동자 지위 하락

네덜란드 안팎의 경제·정치·사회적 변화도 노동조합운동의 약화에 영향을 끼쳤다. 오늘날 노동조합운동이 처한 환경과 그 내부 상황은 20~30년 전과는 많이 다르다. 유럽연합 통합의 진척과 베를린장벽의 붕괴는 이 기간 동안 일어난 대표적 변화다.

고용 시장에서도 변화가 있었다. 여성 노동자가 크게 늘어난 것은 중요한 변화 가운데 하나다. 비록 많은 여성이 대체로 시간제로 일하고, 남성보다 평균적으로 적게 벌지만 말이다. 따라서 노동조합운동(특히 능동적이고 전투적인 구성원들)은 여성들의 이해관계, 기회와 바람, 경험에 부합하는 새로운 전략과 전술, 요구와 방법을 갖춰야 한다. 최근에는 돌봄 노동자(보육 시설·병원)와 청소 노동자의 행동이 있었다. 또한 이주민 출신 노동자 숫자도 늘고 있다. 여성차별과 인종차별에 맞서는 것이 노동조합 투쟁에서 더욱 중요해지고 있다.

고용 시장의 또 다른 중요한 변화는 정규직 일자리가 상대적으로 줄고 임시직이나 불안정한 일자리가 늘어난 것이다. 임시직, 유연 노동, '0시간 계약'[호출 노동], 피고용인 없는 수많은 '개

자 중 시간제는 60퍼센트가 넘는다. 네덜란드 여성들은 공공 육아 시설의 부족 때문에 어쩔 수 없이 시간제 일자리를 '선택'하는데, 이는 여성차별을 악화시키고 있다.

인사업자ZZP-er'[특수고용 노동자]가 그런 사례다. 네덜란드 노동자의 20퍼센트가량이 유연 근로계약을 맺고 있고, 12퍼센트 이상이 '개인사업자'로 분류된다. 둘 다 유럽연합 평균보다 훨씬 높다.

이런 변화 때문에 노동자들의 지위가 약해졌다. 또한 새로운 방식으로 투쟁하고 조직해야 할 필요가 생겼다. 그러나 이런 노동자들이 조직돼 행동에 나서는 것이 결코 불가능하지 않다는 점이 네덜란드에서 확인됐다. 국제적으로도 마찬가지다. 예를 들어, 청소·보건·슈퍼마켓 노동자들이 행동에 나섰다. 이런 행동들은 노동조합운동의 고령화를 막고, 청년들이 노동조합운동과 작업장에서 열정적이고 능동적으로 활동하게 하는 데도 굉장히 중요하다.

그러나 새로운 노동자들이 행동에 나섰지만, 노동조합은 이런 투쟁들을 반영해 기존의 고착화된 형태와 틀을 바꾸려는 구조적 노력을 등한시했다. 낮아진 노동조합 조직률을 높이고, 노동조합의 정당성이 훼손되는 것을 막으려면 바로 그런 시도와 노력이 필요하다.

패배의 경험과 최근의 가능성

파업 전통이 매우 약하다는 것과 '폴더 모델'이 제도화돼 있어 노조 관료의 개혁주의에 대한 견제가 약하다는 것은 네덜란드 노동조합운동의 여전한 약점이다. 불행히도 아직까지는, 민주적이고 전투적인 노동조합운동을 위해 싸우는 조직 좌파 세력이 단단하다고 말할 수 없다.

2007~2008년 금융·경제 위기 이후 [노동조건] 악화가 계속되면서 심지어 중앙은행장과 재무부 장관조차 임금을 올려야 한다고 말할 지경이 된 것이 네덜란드의 현실을 잘 보여 준다.

최근 네덜란드 노동자들(그리고 노동조합운동)은 은퇴 연령 연장이라는 또 한 번의 패배를 겪었다. 2004년에 35만 명 이상이 이에 반대해 파업했다. 네덜란드 역사상 가장 커다란 하루 파업이었다. 그러나 현장조합원들의 이런 투지에도 불구하고 노동조합 관료들은 투쟁을 전진시키길 거부했다. 현장조합원들의 영향력은 그런 관료들을 투쟁으로 등 떠밀 만큼 강력하지는 못했다. 관료들은 이 투쟁을 배신했고 연금 지급 연령이 늦춰졌다.

노동조합운동은 퇴직 연령 인하 요구와 임금 삭감 없는 노동시간 단축 요구(아주 오랜 요구)를 결합하고 이를 투쟁의 초점으로 삼아야 한다. 엄청난 자산을 보유한 네덜란드 퇴직기금을 민영화할 가능성도 경계해야 한다.

세금 체계의 변화도 신자유주의 정치에서 중요한 부분이다. 불평등이 상당히 커졌고, 네덜란드는 여전히 조세회피처 국가다. 지난 수십 년간 소득세 최상위 구간 세율은 72퍼센트에서

52퍼센트로 떨어졌다. 파트너십[합명·합자회사] 과세율은 34.5퍼센트에서 25.5퍼센트로 내렸다. 반면, 부가가치세율이 21퍼센트에 이를 정도로 높아서 평범한 사람들은 생활비 압박을 강하게 받고 있다.

폴더 모델의 영향이 강하다고 해서 노동조합 투쟁이 사라진 것은 아니다. 최근 매우 반갑게도 초등학교 교사들이 대거 행동에 돌입했다. SNS를 이용해서 순식간에 4만 명이 참가한 행동 위원회가 결성됐다. 주요 노조 바깥에서 시작된 이 행동에 노조들도 합류했다. 그러지 않았다간 조합원에 대한 통제력을 잃을까 두려웠던 것이다. 이 교사들은 노조와 함께 대규모 파업을 준비했다. 정부는 매우 두려워하며 파업을 막으려고 예산 확대를 약속했다. 그러나 초등교사들은 임금을 다른 교사들 수준으로 올리고 행정 업무를 줄이려면 예산 확대 폭을 그 두 배로 늘려야 한다고 요구하며 파업을 강행했다.

약 9만 명(참가율 95퍼센트)이 참가한 이번 초등교사 파업은 1980년대 이래 처음이다. 파업 직후 노조가 실시한 설문조사 결과를 보면, 조합원 과반(63퍼센트)이 노조가 더 많은 행동을 조직해야 한다고 답했다. 투쟁이 앞으로 어떻게 전개될지는 아직 정해져 있지 않다.

지금까지 살펴봤듯이 고용주와 노조 사이의 사회적 합의 모델은 실패로 끝났다. 노동조합운동은 약화됐고 여전히 노조 관료의 강한 영향력 아래 있다. 그러나 노동조합운동은 이제 [2017년 3월 선거로 더욱 우경화한] 새 우파 정부, 끝이 안 보이는 자본주의의 위기와 대면하고 있다.

독일 좌파당(디링케) 활동가가 말하는

독일 '하르츠 개혁'의 진실

한국에서 독일 '하르츠 개혁'은 "노동시장 개혁"의 모범으로 꼽힌다. '개혁'을 통해 투자와 고용을 늘리는 데 성공했다는 것이다. 그러나 오늘날 독일의 실상은 "노동시장 개혁"이 노리는 바가 무엇인지를 분명히 보여 준다. '하르츠 법'이라 불린 법안들 때문에 독일 노동자들의 실질임금은 하락했고, 복지는 삭감됐고, 노동강도는 강화됐다. 많은 노동자들이 시간제·파견직 같은 불안정한 일자리로 내몰렸다.

독일 좌파당(디링케)과 고전적 마르크스주의 이론지 《마르크스21》에서 활동하는 다비트 마이엔라이스가 독일 '하르츠 개혁'과 시간제 일자리의 진실을 밝힌다. 다비트 마이엔라이스는 디링케의 헤센주의회 경제 고문이다.

2002년부터 독일의 사회민주당·녹색당 연립정부는 노동과 조세 관련 법규를 대대적으로 개혁하기 시작했다. 그 전 몇 년

출처: 다비트 마이엔라이스, 〈레프트21〉 115호(2013-11-09).

동안 독일 기업주들이 '개혁이 지체'된다며 불평을 토로하던 상황이었다. 독일 기업주들은 이 '개혁 지체' 탓에 독일 경제가 다른 OECD 국가들보다, 그중에서도 미국(클린턴 집권기에 미국의 GDP 성장률은 독일의 거의 곱절이었다)보다 불리한 처지에 놓이게 됐다고 불평했다.

노동시장 개혁의 핵심에는 '노동시장 선진화 법'이라고 불린 여러 법안들이 있다. 이 법은 당시 총리 슈뢰더가 설치한 위원회의 권고를 바탕으로 했는데, 폭스바겐의 인사부장을 지낸 하르츠가 그 위원회의 의장이었다. 그래서 이 개혁안은 보통 '하르츠 법(I~IV)'이라고 불리게 됐다.

이 개혁안의 목표는 이른바 "경직된 구조"인 독일 노동시장을 대폭 "유연화"하고 규제를 완화하는 것이었다. 독일 노동시장의 상당 부분이 규제가 심하고, 이른바 정규직(흔히 종신 고용이 보장되고 사회안전망이 제공되는 일자리)에 유리하다는 이유였다.

정부는 이 개혁안이 누구에게 어떤 도움을 줄 것이라고 공식적으로 설명하지 않았지만, 여러 목표의 하나로 독일 노동시장에 저임금 부문을 창출하겠다는 점은 밝혔다. 그러면 특별한 기술이 없거나 오랫동안 실업 상태에 있던 사람들이 노동시장에 진입하는 것을 가로막는 장벽을 낮출 수 있다는 것이다.

가장 인기가 없었던 것은 하르츠 IV법이었다. 하르츠 IV법은 기존의 실업급여 체계를 폐지하도록 규정했다. 하르츠 IV법 시행 뒤, 일자리를 잃은 사람들은 이제 직장에 다닐 때 벌던 순소득의 64퍼센트만을 최대 1년간 실업급여로 받게 됐다. 1년 뒤부터는 급여액이 형편없어져서, 법정 빈곤선 이하로 떨어진다.

여러 자선단체와 종교단체는 하르츠 Ⅳ법이 규정한 급여를 최소 25퍼센트는 올려야 한다고 계산했다. 그래야 사람들이, 특히 자녀가 있는 사람들이 식비 등 필수적 지출을 감당할 수 있기 때문이다.

하르츠 Ⅳ법에 따라 급여를 받는 사람들은 합법적으로 박해받고 있고, 계속해서 "사례관리자"[급여 대상자에 대해 수급 자격 등을 심사·관리하는 사람]들에게 감시당한다. 실업자들은 소개받은 일자리를 무조건 받아들여야 한다. 자격 조건이 어떻든, 이전 직업이 무엇이든, 전에는 임금을 얼마를 받았든 상관없이 그래야 한다.

저임금 노동자의 급증

이런 상황은 전반적 임금 수준에 커다란 압력으로 작용했다. 실업자들은 하르츠 Ⅳ법에서 빠져나오려고 아무리 낮은 임금이라도 감수할 태세가 됐고, 일자리가 있는 사람들은 직장을 잃으면 하르츠 Ⅳ법의 제물이 될까 봐 두려움에 떨었기 때문이다.

이전의 국영 고용보험과 달리 하르츠 Ⅳ법에 따른 급여는 더는 사람들이 생활수준을 유지하는 데 도움이 안 됐고, 고용보험과 임금을 대체하지도 못했다. 그래서 사람들은 국가의 '도움'을 받기 전에 개인적으로 저축해 놓은 돈을 몽땅 써서라도 민간 노령연금 같은 것에 가입해야 할 판이다. 즉, 일자리를 잃고 1년 안에 취직하지 못하는 불행한 사람들은 완전히 빈곤해져서 저축한 돈을 죄다 써야 하고, 부동산·자동차·보험금 등 돈 될 만한 것은 뭐든 헐값에 팔아 치워야 한다.

그러나 최근 정부가 실시한 한 연구의 결과가 보여 주듯, 하르츠 Ⅳ법의 가혹한 정책은 장기 실업을 낮추지 못했다.

그보다는 덜 알려져 있지만 하르츠 Ⅰ~Ⅲ법도 전체적 임금 수준과 노동조건에 결코 덜 해로운 것이 아니었다. 하르츠 Ⅰ~Ⅲ법은 합법적 고용의 기준을 엄청나게 완화했다. 1990년대에 처음 도입된 시간제 고용 형태인 '미니잡Mini Job'에 대한 제약을 대폭 풀었는데, 특히 주당 노동시간 제한 완화가 중요했다. 원래 미니잡은 1주일에 15시간 이하, 월급은 400유로[57만 원] 이하로 제한됐다. [그 이상 일하면 미니잡으로 인정받지 못해 세금을 더 내야 한다.] 원래 미니잡은 성수기 등 짧은 기간에 추가 노동이 필요한 기업과 부업으로 돈을 벌고자 하는 주부·학생·연금생활자의 요구를 충족시키겠다는 미명 아래 도입됐다.

최근의 연구 결과를 보면, 하르츠 개혁을 비판했던 사람들의 경고(심지어 하르츠 개혁이 시행되기도 전에 한 경고)가 옳았음을 알 수 있다. 오늘날 독일 일자리의 거의 4분의 1이 미니잡이다. 미니잡 노동자의 약 3분의 1(31퍼센트)은 1주일에 19시간 이상 일하고 월급으로 400유로를 받는다. 미니잡 노동자의 겨우 32퍼센트만이 시간당 8.5유로를 받고, 50퍼센트는 시간당 7유로도 못 번다(시급 8.5유로는 독일 노동조합들이 요구하는 최저임금 수준이지만, 그걸 받고 주당 40시간을 일해 봐야 빈곤선을 겨우 넘는 수준이다). 하르츠 개혁 이후 저임금 노동자(임금 중간값의 60퍼센트 이하의 임금을 받는 노동자)의 비중이 전체 노동자의 22퍼센트(!)로 급격히 늘었다.

미니잡 노동자의 3분의 1은 임금 수준이 너무 낮은 나머지 직업 하나만으로는 공과금도 못 내 또 다른 일자리를 찾으려 한다. 미니잡 노동자의 4분의 1만이 비숙련 노동자이고, 나머지 4분의 3은 숙련 노동자이거나 학사 학위가 있는 사람들이다.

또한, 미니잡 노동자의 약 3분의 2는 여성이다. 이 여성들은 노동시장에 진입하는 대가로 극도로 낮은 임금을 받고, 흔히 불편한 시간에 일하고(특히 서비스업과 소매업에서), 대개는 자기 '스펙'에 못 미치는 일을 한다.

임금 몫은 줄고 자본 몫은 늘고

10년 전 하르츠 개혁이 도입될 때 정부가 떠들던 주장과는 상반되게, 고용 보장 제도를 파괴했지만 독일 노동자의 총노동시간이 늘지는 않았다. 다시 말해서, 하르츠 개혁은 일자리의 창출(과 소멸)은 촉진했지만 전체 일의 양을 늘리지는 않았다. 독일 노동자들이 일한 노동시간은 지난 수십 년 동안 정체해 왔다. 새로운 유형의 일자리가 기존의 정규직을 대체했을 뿐이다. 이와 마찬가지로, 노동시장 개혁은 독일 경제의 동력을 그다지 강화하지 못했다. 독일의 경기순환은 수출에 크게 의존하고 있으므로 세계경제의 영향을 직접 받는다.

노동시장 개혁은 임금 수준을 떨어뜨렸고, 노동조합의 조직력과 투쟁력을 압박했다. 왜냐하면 미니잡 노동자 등 규제 완화로 생겨난 일자리에서 일하는 노동자들은 자기가 일하는 기업과 그 기업에서 일하는 다른 노동자들과의 연계가 느슨하기 때문이다. 이것은 또한 국민소득의 분배를 끊임없이, 그리고 급격하게 바꿨다. 즉, 하위 80퍼센트의 몫이 상위 5퍼센트의 몫으로 갔고, 임금 몫이 자본 몫으로 갔다.

미니잡에 대한 규제 완화뿐 아니라, 하르츠 개혁의 또 다른 중요한 측면은 하청 노동의 자유화였다. 아직은 하도급이 전체 일자리의 2.5퍼센트 정도밖에 차지하지 않지만 확실히 늘어나고 있는 추세이고, 청년들의 생애 첫 일자리가 하청업체 일자리인 경우가 흔하다. 하청 노동은 보통 자동차 생산이나 화학산업처럼 수익성이 가장 높고 가장 수출지향적인 산업에서 정규직 노동자들에게 위협을 가하기 위해 전략적으로 이용된다. 하청 노동자들의 실제 임금은 그들이 고용된 산업부문 표준임금보다 약 40퍼센트 정도 낮다.

미니잡, 미디잡(Midi Job, 월급이 최대 800유로인 일자리), 시간제, 하청 계약직을 비롯한 각종 비정규 일자리는 현재 독일 전체 일자리의 38퍼센트를 차지한다. 경제 위기의 즉각적 타격에서 회복한 이후 독일에서 새로 생겨난 일자리의 겨우 15퍼센트만이 정규직이었고, 42퍼센트는 계약직이었고, 43퍼센트는 하청 노동자였다. 한때는 정규직 일자리로 여겨지던 직업들이 점점 더 비정규직으로 바뀌고 있고, 사람들이 임금을 가지고 괜찮은 삶을 살아갈 가능성은 줄어들고 있다.

독일노총 지도부의 잘못된 대응

독일노총DGB은 지난 몇 년 동안 노동시장 개혁의 악영향과 과도함을 비판했다. 2000년대 초 국회에서 이 개혁안이 논의되고 있을 때 독일노총은 노동시장 개혁이 낳을 예측 가능한 악영향에 대해서 경고했다.

그러나 독일노총 지도부는 개혁안 자체를 비판하는 것은 삼갔다. 왜냐하면 독일노총 지도부는 개혁안을 발의한 사회민주당과 밀접한 동맹을 맺고 있었기 때문이다. 노동조합들은 개혁에 반대하는 시위를 거의 조직하지 않았고, 시위를 할 때도 개혁의 과도함만 비판했지 개혁 자체를 비판하지는 않았다. 노동시장 개혁과 그로 인한 고용구조의 변화 때문에 노동조합에 속한 노동자들이 40퍼센트가량 줄었는데도 그랬다.

여전히 노조 지도부는 자본가나 정부 같은 권력자들과의 협력에 희망을 걸고 있다. 그들은 이를 통해서 가장 잘 조직되고 수익이 높은 산업의 노동자들만큼은 고통스런 긴축에서 지켜낼 수 있다고 생각한다.

독일에 노사정위는 없지만 노사정이 협력해 온 전통은 있다. 그러나 오래전에 자본은 이를 무력화했는데 노조 지도부와 사회민주당은 이것을 깨닫지 못했다. 그뿐 아니라, 노사 간의 합의가 쉽게 이뤄지던, 이윤율이 높고 꾸준히 성장하던 호시절이 영원히 사라져 버렸다는 사실도 인정하지 않는다.

오늘날 자본가들은 자기 발등에 불이 떨어졌을 때만, 즉 정부의 지원과 개입이 아쉽고, 노동자들이 이를 순순히 받아들이도록 해야 할 때만 협상을 하고자 한다.

경제 위기가 가장 심각할 때 이 전략은 다소 먹히는 듯했다. 노동자들이 노동시간을 줄이는 대신 줄어든 임금의 일정 부분을 정부가 보조하기로 합의한 것이다. 그러나 앞서 지적했듯 일단 급한 위기를 넘기자 기업주들은 결코 호의에 보답하지 않았다. 그들은 계속해서 정규직을 비정상적 고용으로 대체했다.

아일랜드 마르크스주의자가 말하는

아일랜드 사회적 합의의 쓴 경험

개혁주의 일각에서는 아일랜드의 사회적 합의 경험을 주목하기도 한다. 이 글은 아일랜드의 마르크스주의자 키어런 앨런이 쓴 "사회적 파트너십과 노조 재활성화: 아일랜드의 사례"를 요약 소개한 것이다. 키어런 앨런은 더블린대학교 사회학 교수이자 아일랜드 사회주의노동자당의 지도적 당원이다.

아일랜드의 사회적 합의 모델이 경제 위기 극복과 노동조합 활성화를 위한 대안으로 거론된다. 아일랜드에서는 경제 위기 시기인 1987년에 시작해 2006년까지 3년에 한 번씩 모두 7차례 사회적 합의가 이뤄졌다. 그 와중인 1995~2000년 아일랜드

출처: 〈노동자 연대〉 141호(2015-01-10). 원문: "Social Partnership and Union Revitalisation: The Irish Case", *The Future of Union Organising*, Palgrave Macmillan, 2009.

는 연평균 9.4퍼센트의 높은 경제성장률을 보이며 '켈트 호랑이'라고 불렸다. 그 뒤로는 성장률이 다소 떨어졌지만, 그래도 2000~2008년 경제성장률은 연평균 5.9퍼센트를 기록했다. 물론 2000년대 후반 극심한 위기를 겪으며 2010년 유럽연합·유럽중앙은행·IMF한테서 구제금융을 받게 되지만 말이다.

노동조합의 입장에서도 정부·사용자·시민단체 등과 함께하는 논의 기구에 참여함으로써 정치적 발언권을 얻을 수 있고 신자유주의의 폐단을 다소 누그러뜨릴 수 있었다고들 한다. 아일랜드노총ICTU은 사회적 합의 덕분에 노사관계가 근본적으로 변했다고 주장한다. "노동조합과 사측 모두에게 가장 큰 성과는 서로 머리를 맞대며 상대방의 고민을 분명하게 이해하게 됐다는 것이다."

그렇지만 아일랜드 안에서도 사회적 합의에 대한 비판이 만만치 않다. 사회적 합의 기구 내 소통은 사실상 일방통행이어서 노동조합이 사용자들의 요구를 떠안기만 한다는 것이다. 이는 몇 가지 통계로 쉽게 확인할 수 있다.

우선 국민소득 중에서 노동소득이 차지하는 비율을 나타내는 노동소득분배율이 크게 하락했다. 유럽연합의 다른 나라들도 노동소득분배율이 악화했지만 아일랜드는 더 급격히 악화했다. 게다가 노동소득분배율의 하락은 경제성장으로 고용이 급격히 늘어나던 시기에 일어났다(표1).

표1. 노동소득분배율의 변화

	유럽 15개국	아일랜드
1961~1970년	-	77.9
1971~1980년	74.5	75.9
1981~1990년	71.8	71.2
1991~2000년	68.7	62.3
2001~2007년	67.3	54.0

사회적 합의의 핵심은 노동조합이 임금 인상을 자제하는 대가로 정책 결정 과정에 참여해 사회안전망을 강화한다는 정치적 거래였다. 그러나 아일랜드의 사회보장 지출 수준은 유럽에서 최저 수준이다. 그나마도 계속 삭감되고 있다. 연금 지출도 최저 수준이다. 아일랜드 노동자들은 연금을 다른 유럽 노동자들보다 더 늦게 받기 시작한다(유럽 평균 61세, 아일랜드 64.4세).

사회적 합의와 노동조합

노동조합에 끼치는 영향이라는 좀 더 좁은 측면에서 보더라도 사회적 합의는 노동조합에 결코 유리하게 작용하지 않았다. 사회적 합의를 이루는 기간에 노동조합의 조직률이 급감했다. 총고용이 60만 명 이상 늘어나는 와중에 말이다(표2).

표2. 노동조합 조직률 추이

연도	조합원 수(명)	조직률(%)
1975	449,520	60
1985	485,050	61
1995	504,450	53
2004	554,300	36
2007	551,700	32

게다가 청년 노동자들 사이에서는 노조 조직률이 더 낮다. 20~24세 노동자들의 조직률이 15퍼센트밖에 안 되고, 25~35세 노동자들의 조직률은 26퍼센트밖에 안 된다. 또 이주노동자가 많이 늘어 아일랜드 전체 노동인구의 16퍼센트를 차지하는데 이주노동자 조직률은 14퍼센트밖에 안 된다. 저조한 이주노동자 조직률은 이주노동자의 비중이 높은 호텔업이나 요식업에서 노동조합이 쇠퇴하는 주요한 요인이 됐다. 또, 2001년에는 노동조합 결성 권리를 더 제약하는 내용으로 노사관계법이 개정됐다.

이미 1990년대 말이 되면 일부 노조에서 전략 변화가 필요하다는 인식이 생기기 시작한다. 예를 들어 1997년 서비스노조 위원장 선거에서 무명의 여성 노동자가 출마해 42퍼센트를 득표했다. 당선하지는 못했지만 조합원들의 불만이 얼마나 큰지를 보여 주기에는 충분했다. 이 선거 결과 데스 게러티와 잭 오코너를 중심으로 한 온건 좌파 성향이 새 집행부를 구성했다. 게러티와 오코너 둘 다 신자유주의와 아일랜드 사회의 불평등을 규탄했지만 동시에 사회적 합의 자체는 옹호했다.

서비스 제공 모델 VS 조직자 모델

아일랜드 서비스노조에 새 지도부가 등장하던 때 국제적 수준에서는 노동조합운동 모델을 둘러싼 논의가 활발하게 일어났다. '서비스 제공 모델 대 조직자 모델' 논쟁이었다. 서비스 제공 모델은 노동조합이 조합원들의 고충을 법률적으로 처리해 주는 노무사 같은 구실을 해야 한다는 주장이다. 조직자 모델은 노동조합이 신규 조합원을 조직하는 데 중점을 둬야 한다는 주장이다. 서비스노조의 새 지도부는 조직자 모델을 채택했다.

크게 두 가지 이유에서였다. 첫째, 사회적 합의와 '기업별 노동조합운동' 전통 때문에 아일랜드에서는 서비스 제공 모델이 특히나 더 안 좋은 형태로 정착돼 왔다. 사회적 합의는 개별 노조가 전국적 임금협상 타결 이상으로 임금 인상을 따내는 것을 금지했다. 사측이 '정상적이고 일상적인 구조 개편'을 할 경우에 노동조합은 반대할 수 없다. 노동자들은 임금 인상을 대가로 생산성 증대 조처들에도 합의해야 했다.

이런 맥락에서 노동조합의 구실은 주로 조합원 고충 처리에 맞춰졌다. 대의원들은 개별 조합원들의 민원을 접수해 상근 교섭위원들한테 전달하고, 상근 교섭위원들은 그 민원을 노동법원 같은 데로 가져가는 식이다. 이런 서비스 제공 모델은 조합원들의 참여도를 크게 떨어뜨렸다.

둘째, 아일랜드경총Ibec이 점점 사회적 합의를 내던지려는 모습을 보였다. 아일랜드 노동조합 지도자들은 호주 사례를 보며 걱정하게 됐다.

호주에서는 1983년부터 1996년까지 호주노총이 노동당 정부와 아주 긴밀한 관계를 맺었다. 이 사회적 합의 시기에 노동조합이 경제정책이나 사회정책에서 발언권을 꽤나 얻은 듯했다. 그러나 사회적 합의가 조장한 수동성 때문에 조합원들의 참여가 계속 줄고 조합원 수도 1년에 2퍼센트 이상씩 계속 줄었다. 그러다가 1996년 보수당의 존 하워드가 집권했다. 우파의 승리에 자신감을 얻은 사용자들은 "노동조합 대체" 전략을 채택하기 시작해 노동조합 죽이기에 나섰다.

아일랜드에서도 '켈트 호랑이' 호황이 끝나 가자 아일랜드경총이 점점 강경해지면서 사회적 합의가 이뤄지지 않았다. 바로 이런 상황에서 서비스노조의 잭 오코너 집행부가 기존의 서비스 제공 모델이 아니라 조직자 모델을 채택하기에 이른 것이다.

미국의 SEIU(서비스노동조합국제연맹)가 조직자 모델의 선구자다. SEIU는 1989년 시설관리 노동자들을 위한 운동을 벌이며 명성을 쌓았다. SEIU는 처음에는 미국노총AFL-CIO 내에서 활동하다 2005년에 탈퇴했다. SEIU는 조직 역량의 상당 부분을 신규 조합원 조직에 할애했다. 조합비의 30퍼센트를 할애해 학생 출신 활동가들을 채용해서 전문적 조직팀을 꾸렸다. 그리고 이주노동자들을 가입시키는 데도 역점을 둬 성공을 거뒀다.

그러나 SEIU 모델에도 부정적인 측면이 있었는데, 결국에는 사용자들과 파트너십을 체결하는 것을 목적으로 한다는 점에서 생겨난 문제였다. 예를 들어, 2003년 SEIU가 캘리포니아의 민간 요양병원 체인에서 일하는 노동자들을 조직했다. 그 과정에서 SEIU는 사측과 협약을 하나 체결했다. 이 협약에는 '노조가 사용자들을 위해서 정치인들에게 로비를 하겠다. 인력 충원을 요구하는 환자 단체들에 반대하는 운동을 벌이겠다. 조합원들에 대한 부당한 처우를 정부 기관에 신고하지 않겠다. 사용자들의 배타적 경영권을 인정하겠다'는 등의 내용이 있었다. 그 대가로 SEIU는 노동자들을 접촉할 수 있는 권한을 얻었다.

투쟁만이 사회적 합의의 제약을 극복할 수 있다

아무튼 아일랜드 서비스노조는 노조 조직률 하락에 대처하는 해결책으로 SEIU의 조직자 모델을 채택해 신규 조합원 가입 면에서는 상당한 성과를 내고 있다. 그러나 서비스노조 지도자들이 다른 한편으로는 사회적 합의를 강화하려는 모습도 보이고 있어 이 성과가 지속될지는 의문이다. 무엇보다 기층의 조직들이 탄탄해져서 사용자들에게 도전하고 협상에서도 성과를 낼 수 있어야 노동조합을 다시 활성화시키는 데로까지 나아갈 수 있을 것이다. 그러려면 사회적 합의가 부과하는 제약을 극복해야 한다.

우선 사회적 합의는 법률적으로 걸림돌 구실을 한다. 사회적 합의 아래에서 1990년 제정되고 2001년 개정된 노사관계법은 합법 파업의 요건을 매우 까다롭게 규정해 파업을 벌이기 힘들게 했다. 사회적 합의를 유지하면서는 이런 법률적 제약을 넘어서기가 힘들 것이다.

사회적 합의는 외국계 기업의 노동자들을 조직하는 문제에서도 방해 요인으로 작용했다. 우선 사회적 합의의 내용은 결국 노사가 잘 협력해서 아일랜드 경제의 경쟁력을 높이자는 것이므로, 해외 자본을 놀라게 해서는 안 된다는 논리에 아주 취약하다.

그러나 아일랜드의 외국계 기업에서 노동조합 조직률이 높아졌던 때는 커다란 파업이 일어났을 때였다. 1968년 제너럴일렉트릭 계열 공장에서 노동자 380명이 파업을 벌였고 그 뒤에 사측이 공격하면서 엄청나게 치열한 전투가 벌어졌다. 서비스노조의 전신인 아일랜드운수일반노조 지도자들은 전국적 연대파업을 벌이겠다고 했다. 이에 놀란 정부가 사측에게 노동조합을 인정하라고 요구했다. 이 투쟁을 계기로 아일랜드 정부는 외국계 기업이 보조금 같은 것을 신청할 때 해당 작업장의 노동조합 인정을 조건으로 걸었다. 이것을 뒤집는 데 15년 이상이 걸렸다.

사회적 합의와 노동조합 민주주의

사회적 합의는 노동조합 기층 활동가 기반을 강화하는 데서도 장애물이 된다. 사실 조직자 모델이 성공하려면 기층 활동가 기반이 탄탄해야 한다. 상층 조직자들이 신규 부문 조직에 전념하려면, 기층의 활동가들이 조합원들의 고충 처리 등의 일을 잘 보완해서 기존 조합원의 탈퇴를 방지해야 하기 때문이다.

그런데 한 연구 결과를 보면 사회적 합의 아래에서 노동조합들이 전문화되고 그래서 기층 활동가보다 상근자들의 수와 영향력이 훨씬 더 커지는 경향이 있다. 여기에 더해서 사용자·정부와 합의를 이뤄야 한다는 압력 때문에 노동조합의 핵심적 의사 결정 문제에 대해 현장 조합원들이 영향을 미치지 못하도록 해야 하는 경우도 생긴다. 즉, 노동조합 민주주의가 제약되는 것이다. 예를 들어 서비스노조에서 집행부 선거는 대의원 간선제로 바뀌었다.

지금까지 논의를 종합하면 다음과 같이 정리할 수 있겠다.

첫째, 사회적 합의는 본질상 계급 간 협력을 부추기고 노동조합이 사측에 휘둘리게 만든다.

둘째, 사회적 합의는 정부와 사용자 그리고 노동조합 상층의 복잡한 논의와 합의의 중요성을 격상시켜, 조합원들의 수동성을 부추기고 노동조합 민주주의를 약화시킨다.

셋째, 사회적 합의는 노동조합들을 약화시키고 노동자 전체의 처지를 악화시킨다.

넷째, 그래서 사회적 합의가 아니라 기층 조합원들의 활동과 투쟁을 고무해야 한다.